www.ingramcontent.com/pod-product-compliance
Lightning Source LLC
Chambersburg PA
CBHW071400160426
42811CB00115B/2435/J
* 9 7 8 0 6 4 5 4 5 7 9 2 6 *

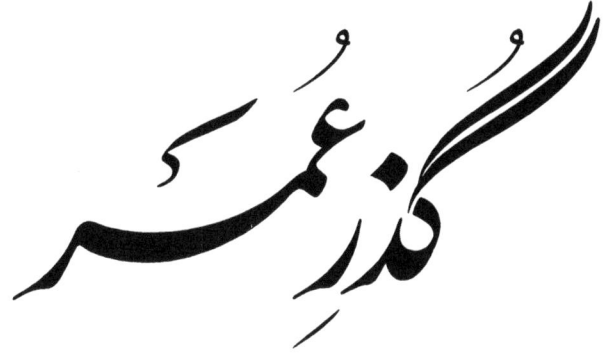

# گذرِ عمر

«مجموعه اشعار دکتر روحی میری»

Copyright ©2022 by Quip Publishing Pty Ltd.

All rights reserved. No part of this book may be reproduced or used in any manner without written permission of the copyright owner except for the use of quotation in a book review.

First paperback and eBook edition Oct 2022

ISBN 978-0-6454579-2-6 (paperback)
ISBN 978-0-6454579-3-3 (eBook)

Published by Quip Publishing - www.quippublishing.com

## در باره من

نام: روحی، شهرت: میری، زادهِ اولین روز آذرماهِ هزار و سیصد و نهِ خورشیدی درشهرستانِ اراک. پدرم تاجری خوشنام و مورد احترام جامعه بود و در تربیت فرزندان کوشا. به خاطر دارم که هر از چند گاه برای ما بچه ها سخنرانی می کرد و از فضایل اخلاقی و گفتار و کردار بزرگان یاد می کرد.

من کودکی آرام و در دروس مدرسه کوشا بودم. از همان سنین به آسمان آبی و توده های ابر با نگاه ویژه ای نگاه می کردم. آسمان را مظهر پاکی و پرواز بلند پرندگان را نمودی از آزادی می پنداشتم. گوشه ای می نشستم و محو تماشا می شدم.

در سال ششم ابتدایی آموزگاری شاعر و ادیب مرا به شعر و ادب فارسی علاقمند نمودند. نام فامیل ایشان بینش بود و از این رو خود را بینش چامه سرای زنجانی معرفی می کرند. ایشان در تدوین فرهنگ لغت نامه ای به نام سفرنگ پهلوی کوشا بودند و من که از آموزش استاد خطاطی (آقای مدنی بزرگ) بهره می جستم برای نگارش لغت نامه برگزیده شدم. و بدین گونه از همان دورۀ ابتدایی به شعر، خط و نقاشی گرایش یافتم. آقای بینش واژه های پارسی را در سروده های خود به کار می گرفتند. به عنوان نمونه:

چون کند کلنگ گور کن گور مرا — در خاک نهاد این سر پور شور مرا

هان روی مـرا نمیتـوانی دیدن — ای دوسـت نگـه بدار پرتور* مـرا

* پرتور واژه پارسی عکس است

در دبیرستان دوستی با آقای علیرضا میثمی دست داد که از همان دوران غزل هایی شیوا و در نهایت روانی می سرود. پس از اخذ دیپلم از دبیرستان پهلوی اراک هر دو راهیِ دانشگاه تهران شدیم و در رشته پزشکی به تحصیل پرداختیم. من تخصص بیمارهای داخلی را تکمیل کردم و ایشان در جراحی به درجه پروفسوری نایل آمدند. با این حال هنر و به ویژه شعر همواره بخش مهمی از زندگی ما بود و هست. غزل های

پروفسور میثمی بدون تردید شاهکار ادبی و گنجینه ای گران بها در ادب سرزمین ماست.

توسط پروفسور میثمی با ابوالحسن ورزی آشنا شدم. استاد ورزی، غزل سرای نامی به من لطفی ویژه داشت که تا پایان عمر پر بارش ادامه یافت. همسر ایشان بانو فرح ورزی بسیاری از غزل های او را از حفظ و با صدایی رسا دکلمه می کرد. روان هر دو شاد.

سالها از محضر دکتر محمد حقوقی استاد دانشکده ادبیات بویژه در کلاس درس حافظ شناسی بهره بردم و با خواندن کتاب های اهدایی آن استاد بزرگ آموختم. دریغ که عمر او دیر نپایید.

در سال پنجم پزشکی با همسر مهربان و شایسته ام خانم بهین شکیبی ازدواج کردم. در تمام سال های زندگی علاوه بر کار اداری و درمان بیماران در مطب، همواره ساعاتی را به نقاشی، خطاطی و مطالعۀ ادبیات فارسی اختصاص داده ام و همسرم همواره مشوق و همراهم بوده است و از این رو مرهون او هستم.

دو فرزندم (بهنام و گیسو) در سالهای ۱۹۷۴ و ۱۹۷۶ برای تحصیل عازم آمریکا شدند و من و همسرم هم در سال هزار و سیصد و شصت و هفت به آمریکا کوچ کرده و به فرزندانمان پیوستیم. مفتخرم که یگانه فرزند دخترم (آرمان) همواره در تمام دوران تحصیل از نخبگان بوده و به اخذ مدارک متعدد توفیق یافته است.

## «سخنی با خوانندگان گرامی و شعرشناس»

جدا از مطالبی که بر روال جاری و بیشتر تکراری با عنوان پیش‌گفتار عرضه می‌شود، دوست دارم آنچه را که درباره‌ی شعر می‌اندیشم با شما در میان گزارم.

نیازهای انسان گوناگون و متفاوت‌اند:

۱. نیازهای جسمی که لازمهٔ زیستن‌اند: خور و خواب، پوشش و سرپناه، بهداشت و درمان و اموری از این قبیل؛ که بدیهی است همگان برای آسایش تن و کسب لذت از زندگی تلاش وافر در جهت ارضأ این نیازها می‌کنند.

۲. نیازهای احساسی و عاطفی که در حدّ کمال ویژهٔ انسان است. حدّ کمال را بکار بردم زیرا جانوران و پرندگان را نیز شامل می‌شود مانند سگی که پس از درگذشت نگهدارش، یک سال تمام از بام تا شام بر آرامگاه او می‌نشست و پاس می‌داد. نوازش و پاسداریِ کودکان را از جانب پرندگان و جانوران هر روز در رسانه‌ها شاهد هستیم.

مهر و عاطفه، عشق، غم و اندوه، سرور و شادمانی ذاتی است نه آموختنی. این ویژگیهای سرشتی، ناهمگون بوده و واکنش افراد در موارد مشابه و شرایط برابر متفاوت است. هنر عامل بیداریِ احساسات آدمی است و هنرهایی همچون موسیقی، نقاشی، پیکرتراشی، خوش‌نویسی را می‌توان با پیگیری و گذراندنِ دوره‌های آموزشی فرا گرفت. روشن است که در این موارد هم با شرایط مساوی به سبب تفاوت در استعدادهای ذاتی افراد برداشت‌ها گوناگون خواهد بود.

امّا شعر هنریست آمدنی نه آموختنی. به بیانِ دیگر شعر موهبتی است ویژه و به همین سبب است که پس از گذشت قرن‌ها بزرگانی چون حافظ، سعدی، مولانا، فردوسی و دیگر بزرگان شعر ایران و جهان همچنان بر آسمان ادب می‌درخشند.

شعر آمدنی است و به گمان من شاعر در انتخاب واژه ها نقشی ندارد و بیشتر مدیوم است. به عبارت دیگر شعر از شاعر عبور می کند، کلمات درفضای ذهن شاعر در گردشی مستانه اند وجای و راه خود را می یابند. این فرآیند گاه پس ازیک یا چند بیت می ایستد و تلاش سراینده برای سرودن بی ثمر است و گاه با وقفه ای کم یا زیاد باز می آید. واژه ها با آهنگ و ریتم خاص آنچنان در هم می آمیزند که با جا بجائی یک کلمه کل شعر ویران میشود. برای نمونه به شعر زیر توجه کنید :

دلم بود و دو قطره اشک و آهی                           شبم بود و تَبَم بود و تباهی

دوقطره اشک وآهی و دلم بود                            تبم بود و تباهی و شبم بود

پیداش شعر را انگیزه ایست که آنرا دلیل بروز وجوشش شعر نامند. سالها پیش دریک روزبهاری می راندم. پس از باران، بر آسمان این دیار رنگین کمانی نقش بست. یادهای دیرین بیادم آمد. مرکب راهوار را به کناری کشاندم با کاغذی و مدادی :

ای آفتاب ای آسمان

ای حلقه ی رنگین کمان

ازخاطرات کودکی لبریزِ لبریزم کنون

من آسمانی داشتم کوچکتر از این آسمان

شبها برآن دشتِ سیه گلبوته های نوربود

گوئی که میشد غنچه ای از گلبنی نزدیک چید

یا درپگاهِ روشنی تا بیکران پروازکرد!

من یاددارم رویشِ تدریجیِ خورشید را

آرا مشِ مهتا ب را

نیلوفر پرتاب را با گیسوانی دلربا

افشانده گیسو جا بجا

ای آفتاب ای آسمان

من کوچه هائی دیده ام با خانه هائی تنگِ هم !

دلها بهم نزدیک تر از پشتِ بامِ خانه ها

شب کوچه ها پُرمیشد ازآوایِ گرم مردمان

ازعشقِ شورانگیزشان دارم بسی افسانه ها

دارم بسی افسانه ها!

شعر پارسی را می توان در مجموع در هفت گونۀ زیر دسته بندی نمود:

١- اشعار رزمی یا حماسی

٢- غنائی (غزل)

٣- مثنوی

٤-دوبیتی ورباعی

۵ -قصیده .

٦ -سبک هندی (قرن نهم هجری)

٧- شعرنیمائی یا نو

سرآمد شاعران حماسه سرا فردوسی است که نگهبا ن زبان پارسی و غرور ملّی ایرانیان است و درجهان بی همتاست.

غزل یا شعرغنائی در وصف عشق و زیبائی ، شباب ،می ومعشوق است و معمولا هفت تا دوازده بیت و گاه بیشتر دارد. در این نوع شعر نیم بیت اول و نیم بیت دوم در نمام ابیات قافیه یکسان دارند. در غزل واژه ها باید زیبا، دلنشین و پرنیانی باشند. غزل هر چه لطیف تر و شور انگیزتر باشد مطبوع تر است.

غزل و مثنوی را سعدی، حافظ و مولانا به حدّ کمال رسانده‌اند و بر عهده‌ی اساتید و ادبا است که در تفسیر لطایف و زیبایی‌های نهفته دراشعار ایشان بکوشند تا مشتاقان از چشمه‌ی نوش شعر بنوشند و درحدّ توان سیراب شوند.

غوطه در دریا ی بیکران غزل‌های حافظ و درک سیرِ اندیشه‌ی او شگفت‌انگیز است. استاد محمود هومن سیر اندیشه و تفکّر حافظ را که در عصر نابسامان آل‌مظفّر می‌زیسته است با بررسی چهل و هشت غزل زمان‌بندی کرده و نشان داده است که وی در مراحل عمر چگونه می‌اندیشیده (ویراستاری این مهمّ بر عهده‌ی آقای اسماعیل خوئی بوده است). شوربختانه استاد هومن وقت کافی برای ادامه بررسی نداشته‌اند. روان شاد دکتر محمد حقوقی برای ادامه این مهم تمایل وافر داشت که در گذشت نابهنگامش این امید را گرفت. امیدوارم که استاد دیگری این مهم را پیگیری نمایند.

این کتاب حاصل سالها سیر و سلوک من در کهکشان شعر فارسی است. مجموعه ای که شامل اشعاری در قالب های غزل، رباعی، دو بیتی و همچنین اشعار نوست.

دکتر روحی میری - واشنگتن اکتبر ۲۰۲۲

# فصل اول

# غزلیات

## بهاران

از خانه در آئید کنون فصلِ بهار است
بلبل به غزل‌خوانی و گل آینه‌داراست

افسانه‌ی فردوسِ برین را ببر از یاد
زانرو که جهان پرتوی از جلوهٔ یار است

بس نرگسِ بیمار که ازخاک دمیده است
بس سروِ گل‌اندام که در جوی کنار است

گیسویِ پریشان به کفِ بادِ بهاری
می‌رقصد و مستانه به دنبالِ شکار است

دل می‌برد از رهگذر ار پیر و جوانست
این دامِ فریبنده شب و روز به کار است

هرچند بهار است و نمادی ز جوانی
افسوس که دامانِ گل اندر کفِ خار است

## اسیرِ دام

نه عجب اگر دلِ من شود از فراق مجنون
چه کند اسیر دَردی که رود ز دیده‌اش خون

ز دیارِ آشنایان نه پیامِ آشنائی
نه سُرورِ میگساران نه اثر ز نایِ نائی

نه نوایِ دلنوازی نه دگر نهفته شوری
نه سخن ز شادخواران نه به جامِ باده نوری

نه نگاهِ پُر ز رازی نه خدایِ چاره‌سازی
نه نشانی از طلوعی نه غروبِ کارسازی

نه حکایتی ز بابک نه روایتی ز شاهان
نه شکایتی ز اینان نه عنایتی ز یزدان

غمِ هجر با که گویم که سخن نگفته بهتر
به برِ گهرفروشان همه دُر نسفته خوشتر

مگر از شراب نابم دلِ خسته رام گردد
چه کند شکسته بالی که اسیر دام گردد

## ایران

ببین که تیره شب از نو ستاره‌باران است
به سینه نقشِ دل‌انگیزِ شهرِ تهران است

در آن دیار که یاران چو جانِ شیرین‌اند
هزار جانِ گرامی فدایِ یاران است

هَماره یاد وطن آتشم به جان ریزد
فتاده‌ام به دیاری که فتنه‌باران است

اگر چه سیلِ سرشکم گرفته دامنِ دل
ز سوزِ آتشِ دل پرده‌دار حیران است

ز کویِ میکده‌ام این خبر رسید به گوش
که پایه‌ی فلک از پای بند ویران است

بدین اُمید که رنج از میانه بر خیزد
پناهِ خسته‌دلان جایگاهِ شیران است

بهارِ عمر گذشت و دمی به کام نشد
نگاهِ منتظرِ من به سوی ایران است

## انتـــظار

چه سال‌ها که به غربت در انتظار گذشت
به کامِ دل نرسیدیم و نـو بهـار گذشت

بدین اُمید که گل بر دمـد ز خاکِ سیه
در این خیال نشستیم و روزگار گذشت

ز بسکه شکوه ز بیداد می‌رود شب و روز
دگر شکیب نماند و ز کـف قـرار گذشت

به آبِ دیـده بشوئیم هر چـه خاطـره را
چه قصّـه‌هایِ غـم‌انگیز با شعار گذشت

نشان ز حشمتِ شـاهانِ آن دیار نماند
طلوعِ مهـر بر ایــوانِ زرنگار گذشت

مگر به سعیِ جوانان دوباره سبزه دَمَد
رسد نـویـد کـه دورانِ انتـــظار گذشت

## اندیشه‌ی دیدار

تا چنـــد در اندیشـــهٔ دیـدارِ تـو باشـم؟
تا چنـد هـواخواه و خریدارِ تـو باشـم؟

هر جـا نگـرم پـرتـوِ سیــمایِ تـو بینـم
هر در کـه زنـم قـامـتِ رعنای تـو بینـم

هر دم سـخن از طارم ابـروی تـو گویـم
هر شـب رهِ میخـانـهٔ آهــویِ تـو پویـم

مسـتانه نظر کن که شوم مستِ نگاهت
هر لحظه مـرا دیدهٔ جان هست براهت

جانا خبرت نیست دلِ سوخته چونست
سرگشته‌تر از ذرّه به صحرایِ جنونست

ما را به جفـایِ تو نیـاز است جفـا کن
تیـری زجفـا بـر دلِ دلـــداده رهــا کن

جـز دیـدن روی تو نـداریـــم هوائــی
مــا زادهٔ دردیـــم و نـداریـــم دوائــی

## اوج پـرواز

گر چه دیگر نوایِ سازی نیست
نغمـه‌پرداز نـی‌نـوازی نیست

شـادی از بـامِ ما رمیـده دگـر
جان بغیر از جفـا ندیـده دگـر

بایـد از آسـمان سـتاره گرفت
اوجِ پـــرواز را دوبــاره گرفت

شـاد بود و دوبـاره شـور افکند
در دلِ شـامِ تیـره نـور افکند

کوچـه‌ها را سـتاره‌بـاران کـرد
زهـر در جـامِ نـابـکاران کـرد

نقـشِ نابخردی بر آب انداخت
پای درحلقـه‌ی رکاب انداخت

همعنـانِ سبک‌سـواران شد
سـرفـرازان روزگـاران شد

## باج‌گیر

روزی از روزهای پائیز است
کوچه از رقص برگ لبریز است

باد مست است و کام می‌گیرد
دم به دم بوسه وام می‌گیرد

رنگِ گلگونِ برگ جای لب است
باد یغماگر است، بی‌ادب است

هر پری چهره‌ای که می‌بیند
بی‌مهابا ز شاخه می‌چیند

شاخه بس خونِ دل که برده به کار
تا پدید آمده است نقش و نگار

زین میان باد باج می‌گیرد
از سرِ شاخه تاج می‌گیرد

یاد دارم من از گذشتهٔ دور
سنگ را آب می‌کند زر و زور

## آزادی

براهی نوجوانی بود و پیری
ز آزادی سخن بود و اسیری

جوان سودای آزادی به سر داشت
دلی آزرده از دست بشر داشت

که تا کی زور با زورآورانست
به جام باده ما شوکران است

ز پا افکندنِ اندیشه تا چند
بریدن شاخه را از ریشه تا چند

نهالی گر هَرَس گردد فزاید
هزاران شاخه‌ی دیگر بر آید

بهر شاخی هزاران برگ و بار است
به هر برگی پیامی پُر شرار است

جوابش داد پیر آرام آرام
که ای آزرده از آزارِ ایّام

بسی کوشیدم از عهد جوانی
که ره جویم به رازِ زندگانی

سخن‌ها رفت و بس جان‌ها فدا شد
کجا زین ماجرا دردی دوا شد؟

پس از هر ماجرا کشتند و بستند
گروهی تازه بر مسند نشستند

بدینسان کارِ آزادی سر آمد
بدی گر بود رفت و بدتر آمد

چو بر مسند نشیند زورمندی
ترحّم کی کند بر مستمندی

چو نیکو بنگری آهسته گوئی
شگفتا زینهمه درّنده خوئی

جوان بارِ دگر از پیر پرسید
شود روزی که تابد باز خورشید؟

## آغاز شصت سالگی

شصتمین آذر گریبانم گرفت
شُعله‌ای برخرمن جانم گرفت

نی مرا باور که پیری در رسید
یا خزانِ عمر دامانم گرفت

این سرِ شوریده را آرام نیست
هر اسیرِ دام دیده رام نیست

این دلِ غم دیده می‌گرید هنوز
دیدهٔ بیدار ما را شام نیست

باده کی نوشیم بی انعامِ دوست
مستیِ ما را مُدام از جامِ اوست

خانه را از غیر او پرداختیم
جانِ ما را روشنی از نامِ اوست

روز و شب درحسرتِ دیدارِ او
آری آری جسم و جان بیمار اوست

زندگی برقِ شهابی بیش نیست
راهِ بی‌پایانی اندر پیش نیست

## آفتابی گر بتابد

دل به یادِ مهربانان بی‌قراری می‌کند
روز و شب آواره دل را دیده یاری می‌کند

آسمان را آهِ جانسوزم در آتش می‌کشد
شعله‌ای کز سینه خیزد گاه کاری می‌کند

همچو شبنم کو فنا شد از لهیبِ آفتاب
هستی‌ام را آتشِ دل چون غُباری می‌کند

سوختم در حسرتِ دیدارِ یاران سوختم
گر چه چشمِ غمگسارم آبیاری می‌کند

باده در جام است و جانم تشنهٔ دیوانگی
دل که شد دیوانه اینسان میگساری می‌کند

کس نمیداند که هجران با دلِ زارم چه کرد
نی عجب گر طفلِ دل اینگونه زاری می‌کند

آفتابی گر بتابد از پسِ این تیرگی
تیره روزانِ خزان را نوبهاری می‌کند

## آرزو

سحر بود و غمِ هجرانِ یاران
به جانِ خسته توفان بود و باران

نه می‌آمد به گوشِ جان ندائی
نه امیّدی به پایانِ جدائی

جهان افتاده در کامِ تباهی
نه خورشیدی که تابد بر سیاهی

نه پیدا پرتوی از کهکشانی
نه از آرامشِ دلها نشانی

نه لبخندی که غم برگیرد از جان
نه جانِ خسته را راهی به درمان

به گلشن گر گلی روئید پژمرد
هزاران آرزو در سینه‌ها مرد

خوشا روزی که دلها شاد گردند
رها از بندِ هر صیّاد گردند

## بادهٔ گلرنگ

صبحِ بهار است و هوا شاهکار
غُنچهٔ نشکفته هزاران هزار
جامِ تُهی باده طلب می‌کند
بادهٔ شیراز و لبِ جویبار
فارغ از اندیشهٔ بود و نبود
دیده و دل محوِ تماشای یار
رهزنِ دلها شده دشت و دمن
بادِ خُنک می‌وزد از کوهسار
هیچ نباشد به از اینم دگر
بادهٔ گلرنگ و هوای بهار
کاش به پایان نرسد شادی‌ام
کارِ جهان را نبوَد اعتبار

## بابی[۱]

ای نو گلِ خندانِ من بر دیده دارم جایِ تو
ای بلبلِ گویایِ من جانِ من و آوایِ تو

هر لحظه دارم یادِ تو ای غنچهٔ نو پایِ من
ای شعرِ بی‌همتایِ من ای بهترین آوایِ من

شیرین نگاهت شورِ من ای نو بهارِ زندگی
ای ماهِ من ای مهر من ای مظهر تابندگی

تا دیده بیند رویِ تو دل شادمانی می‌کند
این پیرِ روز و سال و مه از نوجوانی می‌کند

بابی صدایم می‌کنی من جان فدایت می‌کنم
ای نو گلِ خندانِ من هر دم هوایت می‌کنم

۱. بابی: آرمان به هنگامِ کودکی‌اش مرا «بابی» می‌نامید.

## باز خزان

باز خزان بزم به پا کرده است
زیورِ خود را ز طلا کرده است

بر سرِ هر شاخه دو صد تاجِ زر
جلوهٔ پائیز چها کرده است

برده دل از مردمِ صاحب نظر
دل شده را دَرد دوا کرده است

شُعله‌ای از برگ برافروخته
می زده را مست رها کرده است

باز غزل‌خوان شده بادِ خزان
در بَرِ هر برگ صفا کرده است

گاه به نرمی شده دمسازِ برگ
گاه ز کاشانه جدا کرده است

در سرِ هر کوچه و هر رهگذر
خرمنی از برگ فرا کرده است

کاش که همواره خزان داشتم
خرمنی از برگِ روان داشتم

## برای آرمانِ عزیزم

آمــدی تا دلِ افســردهٔ مـن شـــاد شـود
خانــه‌ام بــارِ دگــر خانــه‌ای آبــاد شـود

روز و شب شیفتــه و طالـبِ دیــدارِ تــوام
از غـــم آزاد شـــوم تـا کـه گـرفتـارِ تــوام

بوسـه‌ها می‌زنـم از شـوق ز پـا تا به سـرت
کی خبر باشدم از خویش چو باشم به بَرَت

سال‌ها منــظر دل جلوهٔ رخســارِ تـو بـود
طفـلِ بیچـارهٔ دل سـخت گرفتــارِ تـو بـود

آمــدی تا دلِ افســردهٔ مـن شـــاد شـود
خانــه‌ام بــارِ دگــر یکســره آبــاد شـود

## برای نوه ام آرمان

ای شعر من ای تـرانه‌ی من
ای شورمن ای فسانه‌ی من
بنشین به بَـرَم که شاد باشم
بیـگانـه ز هـر چـه یـاد باشم
انــدوهِ زمـــان کنم فراموش
جانانـه کشـم تُــرا در آغوش
سرمست شوم من از نگاهت
دیــوانـه‌ی مـــردم سیاهت
تا غنـچهٔ لـب ز هـم گشـائی
یک دل نـه هـــزار دلـربائی
پـایـانِ کلام جـانِ مـن باش
نیـرویِ تـن و روانِ مـن باش

## بـرفِ بی‌امـان

(هشتم دسامبر ۱۹۹۸، برف و سرما کم‌نظیر بود)

زمیـن و آسـمان یک‌رنـگه امروز
به هر کس بنگری دلتنگه امروز
نفـس در نیـمه راهِ سـینه مانده
جهانِ پیـر عجب دلسنگه امروز
ز سرما چشمهٔ خورشید خشکید
بســاطِ زنــدگی بی‌رنـگه امروز
چو غافـل پا نهی آسان در اُفتی
زمیـن با آدمـی در جنـگه امروز
مگـر جـامِ شــرابی چـاره سازد
وگـرنه عیــشِ مـا کمرنـگه امروز

## برگِ خزان

این برگِ خزانست که در کوچه روانست
آهسته بِرانید که این برگِ خزانست

از جورِ زمان در گذر باد فتاده است
سرگشته به هر برزن و هر کوی دوانست

از بند رها گشته و پیوند گسسته است
آمادهٔ پرواز بدانسوی جهانست

از بادهٔ گلرنگ به جامی شده سرمست
هر می‌زده را گونهٔ گلرنگ نشانست

با هر وزشِ باد دلِ شاخه بلرزد
دل کندنِ دلداده ز دلدار گرانست

صیّاد زمان یک دَمِ بیکار ندارد
اندر پیِ آزردنِ هر پیر و جوانست

دانی که چرا اینهمه مُشتاق به دامند
صد دانه به هر گوشهٔ این دام نهانست

## بزمِ آسمان

به بزمِ آسمان مهمانم امروز
رهینِ رحمتِ جانانم امروز

گدایِ کویِ جانانم ولیکن
به شوکت بر تراز شاهانم امروز

ز تابِ آتش جان پر شرارم
فروزان اخترِ تابانم امروز

ز خاک تیره دامن برگرفتم
بر اوج آسمان پرّانم امروز

هزاران کهکشان در پیچ و تابند
به کارِ این جهان حیرانم امروز

پریشان خاطری بودم پریشان
فروغِ روشنِ ایمانم امروز

بسی مستم من از میخانۀ دوست
بسانِ باده‌ی جوشانم امروز

اگر سرمست و دست‌افشانم ایدون
به بزم آسمان مهمانم امروز

## بیداد!

درختان جامه‌ها بر باد دادند
چه آسان تن بدین بیداد دادند

زمستان است و عُریان پیکرانند
به شب‌های سیه بی‌خانمانند

شکسته ساغر و اندوهناکند
ز خشمِ روزگاران بیمناکند

دو روزی در بهاران شاد بودند
به دور از مکرِ این صیّاد بودند

درختان در خزان دیوانه بودند
به کارِ این جهان بیگانه بودند

ز مستی جامه بر تن چاک کردند
چه گوهرها نثارِ خاک کردند

کنون آواره‌ای بی‌برگ و بارند
اسیری در کمندِ روزگارند

جوانی چون بهاران چند گاهی است
دلِ بیچاره پابندِ نگاهی است

جوانی می‌رود خواهی نخواهی
جهان را نیست کاری جز تباهی

## بلایِ بیکران!

بهــار آمـد جـــوانی یـادم آمـد
به یــادم رفتــه‌هایِ شــادم آمـد
به شــادی بـاده در پیــمانه‌ها بـود
هــزاران عهد و پیـمان یـادم آمـد
ز مستی عهد و پیمان را شکستیم
درِ خـانـه بروی شــادی بستیم
چو میـهن در کـفِ بیـگانـه اُفتـاد
به ســوگِ مــرگِ آزادی نشستیم
ســیه دل زاهــدی فرمانـروا شـد
از آن پـس مهـربـانی کیمیـا شـد
حکومت چون به دست ظالم افتاد
دما دم فتنــه از هـر سـو به پـا شـد
ز دل‌ها شــادمانی رخـت بربست
نشـــاطِ زنـــدگانی رفـت از دست
شـــود آیـا که بانــگی آیـد از دور؟
که میــهن از بــلایِ بیــکران رست

## به یاد خانه

نهانی دل هوای خانه دارد
هوایِ خانه‌ی ویرانه دارد

نهالِ آرزو آنجا نشاندم
ز دیده اشکِ شوق آنجا فشاندم

گلِ اندیشه آنجا بارور شد
نهالِ آرزوها پُرثمر شد

هزاران یاد از آن کاشانه دارم
به هر یادی دو صد افسانه دارم

من آن افسانه‌ها را می‌ستایم
من آن ویرانه‌ها را دوست دارم

بهاران سبزه‌زاری جویباری
دلِ هر بی‌قراری را قراری

رفیقان گوهر نایاب بودند
به گرد هم همه شاداب بودند

دریغا چرخ بازیگر جفا کرد
درون خانه آشوبی به پا کرد

هزاران غنچهٔ نشکفته پژمرد
درخت استوار مردمی مرد

## بهار

هـوایِ دلنـشینِ نـو بهـار است
به سـر ما را هوایِ سـبزه‌زار است

ز ما دل می‌بـرد بـاغ و در و دشت
هزاران غنچه زیبِ شاخسار است

نسـیمی گر وزد بـر شاخسـاری
ز یُمنِ غنچه و گل مشکبار است

به گردِ کوچه‌ها می‌گردد از شـوق
چو گیسویِ پریشان بی‌قرار است

گهی زلفِ بُتـــان را می‌نـوازد
دمی دیوانه‌ای بی‌بنـد و بـار است

بیابان تـا بیابـان لالـه‌بر شد
سـراسر سـبزه‌زاران لاله‌زار است

ز دست گل چرا بلبـل ننالد؟
که گل را خنـده با بادِ بهـار است

خوشـا جام مـی از جـانان گرفتن
که اینسان میگساری شاهکار است

## جلـوه‌گاهِ پائیـز

(بهیـن به ایران سـفر کرده بود - ۱۹۶۹)

از آن زمان که تو رفتی، ز دیده خواب برفت
به دل قـرار نمـاند و دوبـاره تـاب برفت

چراغ خانه فـرو مُـرد و جـام بـاده شکست
خدنـگِ تیـر بـلا بر نشـانه سـاده نشست

در ایـن دیـار غـریب آنچنـان پریشـانم
که همچو بـرگِ خـزانی به دست طوفـانم

بیـا که کارِ جهـان را نـه اعتبـاری هست
بیـا که فصلِ خزانسـت و بی‌قراری هست

به هـر کجـا نـگرم جلـوه‌گاهِ پائیـز است
بیـا که جامِ جهـان از شراب لبـریز است

جـدا ز مهـر تـو روز و شبـی سـیه دارم
غریـب و بی‌کسم ارخیـلی از سـپه دارم

بهیـن ترانـه‌ی شیـریـن زنـدگانیِ مـن
بهیـن فسـانه‌ی دیـریـنِ نوجـوانیِ مـن

از آن زمان که تو رفتی، ز دیده خواب برفت
بـه دل قـرار نـماند و دوبـاره تـاب برفت

## بیـا

بیا که هستـیِ دل را نثـارِ راهِ تـو سازم
بیا که نقـدِ بقا را به کارِ عشـقِ تـو بـازم

توئی که با خبر از عشـقِ سینه‌سوزِ منی
به پایِ شمعِ تو سوزم وفایِ عهدِ تـو نازم

بیا که بی تـو مرا برگِ عمـر بـر بـاد است
مرو که با تـو دل از هر چه بند آزاد است

اگـر چـه دل ز جفـایِ زمانـه می‌نـالد
بیا که جانِ من از بودنِ تـو دلشـاد است

بیا که بی تو جهان جایِ زندگانی نیست
بمان که دولتِ دیـدار جـاودانی نیست

چنان ز دولتِ دیـدار مستـم ای سـاقی
که دیگـرم غمِ گُـم کردنِ جـوانی نیست

بیا که وقتِ گل است و دوباره گل چیدن
دوبـاره خـاکِ رهِ کـویِ یـار بوسیـدن

توئی که شُهرهٔ شهری به عشـق ورزیدن
منـم که دیـده نیـالوده‌ام به بـد دیدن

## زاد روز

(به مناسبت زادروز خودم - بیستم نوامبر ۱۹۹۵)

گهی چون آتشم گه سرد و خاموش
بسانِ باده‌ی اُفتاده از جوش

چو آذر می‌رسد آتش به جانم
به پیری بارِ دیگر نوجوانم

اگر صد سالِ دیگر زنده باشم
ز کارِ دل دمی غافل نباشم

بنوشم باده با یارانِ دیرین
در آمیزند با هم تلخ و شیرین

بکامِ دل بر آرم عمرِ فانی
ستانم دادِ دل از زندگانی

به آوایِ دف و آهنگِ سازی
بسازم روز و شب با بی‌نیازی

به شادی سر کنم با مهربانان
نباشم لحظه‌ای فارغ ز جانان

من آن دیوانهٔ فارغ ز خویشم
که می‌خندد دمادم دل به ریشم

دلِ بیچاره عاقل می‌پسندد
که اینسان می‌زند نیشی به ریشم

## پاسخ به نوۀ پنج ساله‌ام

مهربان کودکم آنجا وطن است
زادگاهِ زن و فـرزندِ مـن است

دیرگاهی است که دور از وطنم
خانـه بـر دوشـم و رنجــور منم

دوری ازخانــه پریشـــانم کرد
زین سفر سخت پشیمانم کرد

یـــادها دارم از آنسـوی جهان
روز وشب سوزم از این سوزِ نهان

آنچه بگذشت در ایّام شباب
نتوان یافت به صد کهنه کتاب

سخن از آنهمه پاکی و صفاست
سخن از مردم بی‌رنگ و ریاست

ای دریغـا که در آن خانـه دگر
زانهمه مهـر نمانده است اثر

هر که را می‌نگری ناشاد است
سخنی گر شـنوی فریـاد است

بـازم از خـاکِ وطن یـاد آمـد
دل دگربـاره به فریـاد آمـد

## پاسخی به برادرم رضا جان

نغمهٔ نغزِ روزگار توئی
زخمهٔ سازِ دل شکار توئی
نقشی ازجلوهٔ جمالِ خدا
نخلی از ریشهٔ استوار توئی
نغمه‌پردازِ باغِ رضوانی
یکّه‌تازِ سبک‌سوار توئی
خامه اندر کفِ تو می‌بالد
چامه را جمله اعتبار توئی
پرتوِ زرنگارِ خورشیدی
مظهرِ مهرِ پرده‌دار توئی
نو بهارِ همیشه سرسبزی
مرغِ خوشخوانِ خوشنگار توئی
در صفا پاک‌تر ز آینه‌ای
گلِ بی‌خارِ نو بهار توئی
در بهاری که رنگِ پائیز است
تک درختِ شکوفه‌بار توئی
تشنگان را به دشتِ خشکِ زمان
چشمهٔ نوشِ خوشگوار توئی
آفرین بر نهادِ پاکِ تو باد
صاحبِ حسنِ بی‌شمار توئی

## پایانِ سفر

روزی این هجران به پایان می‌رسد
نوبتِ دیـــدارِ جـــانان می‌رسد

فـارغ از انـدوهِ طاقت‌سـوزِ عمـر
نقطـه‌ی پـایانِ طوفـان می‌رسد

مـژده ای دل کز پسِ فرسـودگی
فرصـتِ آسـایشِ جـان می‌رسد

در شـــبانِ تیـــرهٔ دور از امیـــد
پرتـوی از مهـــرِ تـــابان می‌رسد

شــبنمِ خوابیـــده در دامانِ گل
زین سفر افتان و خیزان می‌رسد

از پـــسِ پیمـــودن راهـــی دراز
دست‌افشان پـای‌کوبان می‌رسد

آفـــرین بر رهنـــوردی کاینچنین
با هزاران غُصّـه شـــادان می‌رسد

ذرّه‌ای بودم جدا از اصل خویش
دانم این هجران به پایان می‌رسد

## پایانِ کلام
(برای نورِ چشمم آرمان)

ای شعرِ من ای ترانهٔ من
ای شورِ من ای فسانهٔ من

بنشین به برم که شاد باشم
بیگانه ز هر چه یاد باشم

اندوهِ زمان کنم فراموش
جانانه کشم ترا در آغوش

سرمست شوم من از نگاهت
دیوانهٔ مردُم سیاهت

تا غُنچهٔ لب ز هم گشائی
یک دل نه هزار دل رُبائی

پایانِ کلام جانِ من باش
نیرویِ تن و روانِ من باش

## پروازِ اشک

به نرمی بال و پر را باز کردم
به شهرِ آرزو پرواز کردم

هزاران گل هزاران غنچه دیدم
یکی را زان میان از بُن نچیدم

چنان از عطر گل دیوانه بودم
که گردِ هر گلی پروانه بودم

ز چشمِ آرزو گوهر فشاندم
به هر برگِ گلی اختر نشاندم

فروزان اختران پرواز کردند
به سویِ آسمان پر باز کردند

ز هر یک صد هزاران اختر آمد
که هر یک برتر از آن دیگر آمد

شبِ تاریکِ غم اخترنشان شد
به بامِ آرزو صد کهکشان شد

میانِ کهکشان‌ها همدلی بود
به هم بودند هر جا مشگلی بود

چو اشکی تا ثریّا پر بگیرد!
به گرمی دامنِ دلبر بگیرد

## پرواز

من آن پروانهٔ بشکسته بالم
چسان از دردِ بی‌بالی ننالم؟

به آسانی به هر سو می‌پریدم
میانِ برگِ گل می‌آرمیدم

به نرمی بالِ خود را می‌گشودم
کنارِ چشمه‌ساری می‌غنودم

چو بالم خسته می‌شد می‌نشستم
نه اینسان بالِ خود را می‌شکستم

کجا شد قدرتِ پروازِ دورم؟!
کجا شد غوطه در دریایِ نورم؟

دگر تابِ غمِ دوران ندارم
اسیری در کمندِ روزگارم

اگر بارِ دگر پرواز گیرم
نشاطِ زندگی را باز گیرم

## پشیمانی

چه شب‌هائی که دور از تو من و غـم یار هم بودیم
به دلجـوئی پـرســتارِ هم و بیـــمارِ هم بودیم

ز هجرت اشکِ خونین بود و صافی باده در ساغر
به یادت کامِ ما شـیرین و شــورِ عالمی در سر

به یـاد آمـد مـرا جـانا پریشــان مـویِ افـشـانت
دلِ سـر گشـته شـد آخر شـــکارِ تیـر مژگانت

بسی آسان دل از ما بردی آنگه رو نهـان کردی
دلِ دیـوانـه‌ی ما را تـو رسـوایِ جهـان کردی

سرشک از دیـده می‌بارم به دامـن لاله می کارم
عجـب روز و شبــی دارم ز هجـرِ روی دلـدارم

بیا ای جانِ شیرینم منم صیـد و تـوئی صیّـاد
بیا ای یـارِ دیـرینم توئی شـیرین و من فرهـاد

جهان را نیست سامانی به هر جمعی پریشانی
چو فرصت را دهی از کف چه سودی از پشیمانی

## پوچ

شُعله می‌رقصید و دل بی‌تاب بود
تا سحرگه چشم من بی‌خواب بود

آتشی زان شعله بر جانم گرفت
وین دلِ دیوانه دامانم گرفت

سیلِ اشکم بود و یک دریایِ خون
سینه‌ای سوزان و صحرایِ جنون

روزگاری قدرتِ پرواز بود
ره به سویِ آسمان‌ها باز بود

سوختم بال و پرِ پرواز را
کس نمی‌داند چو دل این راز را

نوجوانی بود و یک دنیا امید
چرخ دون آن غنچه را از شاخه چید

آخرین بذری که کِشتم کوچ بود
حاصلِ اندیشه یاران پوچ بود!

## پیر و جوان

تازه جوانی به رهی شد روان
فارغ از اندیشهٔ جورِ خزان

هیچ نبودش غمِ بود و نبود
رشک جنان در نظرش هر چه بود

ریگِ روان در قدمش پرنیان
گاه به آرامی و گاهی دوان

کوه و در و دشت همه رامِ او
نیک روا بود همه کام او

دید یکی پیرِ جهاندیده را
از غم ایّام پریشیده را

چهره‌ای از برگ خزان زردتر
خسته و خوی کرده ز درد کمر

رفته توان از بر و بازوی او
نیم نگاهی نه دگر سوی او

تازه جوان گفت به بانگ بلند
پیر جهاندیده کمانت به چند

پیر به نرمی سخن آغاز کرد
رازِ فروبسته بِدو باز کرد

نیست کمان اینکه تو بینی جوان
گنج ندادند به کس رایگان

حاصلِ فرسودنِ جان من است
جام جهان‌بین به کمانِ من است

روز و شبان تجربه آموختم
خام بدم، پخته شدم، سوختم

## پیری و جوانی

خــزان زیبــاتر از هــر نــو بهــار است
به هر جا بنگری نقش و نگار است

پریشــان گیســوی پیمانه بر کف
زیمن بــاد و بــاران بیشــمار است

زمیــن و آســمان ســرمســت و رســوا
هــزاران ســاقیِ زیبــا به کار است

ز جام بــاده می نوشیده هــر بــرگ
که دست‌افشان و اینسان بی‌قرار است

گهــی آرام و گــه بــا بی‌قــراری
به ســوی آســمان‌ها رهســپار است

به روی شــاخه هــر بــرگی به رنگی
به هــر رنگی هــزاران خواستار است

اگر چه من خــزان را می‌ســتایم
ولیــکن نوجوانی شــاهکار است

## پیـری

درختِ کهنسالِ بی‌برگ و بارم
نروید یکی غنچه بر شاخسارم

کجا بر شود برگی از چوب خشکی
من آن چوبِ خشکیدۀ بی‌بهارم

دو روزی اگر کام دل بود حاصل
کنون خسته از گردشِ روزگارم

نه دیگر نشانی ز یارانِ دیرین
نه نقشی نگارین ز شهر و دیارم

جوانی به سر شد دریغا جوانی
به سوگ جوانی کنون سوگوارم

به هر نو بهاری جهان تازه گردد
من آن چوب خشکیدۀ بی‌بهارم

جوان را خوستاران بی‌شمارند
به گردِ عارضش پروانه‌وارند

به پیری کس ندارد خواستاری
مر او را شوقِ دیداری ندارند

## تجربه

غنچـهٔ نـو رُسـته دهـان بـاز کرد
عطـر فشـاند و سخـن آغـاز کرد

گفت به زیبـائی از عـالـم سَـرم
دل ز برِ پیـر و جـوان می‌بـرم

گر که نسـیمی وزد از کـویِ من
مست و غزل‌خوان شود از بویِ من

زینتِ گیسـوی پـریشـان منم
شـمعِ شب‌افـروزِ شبستـان منم

روزِ ازل دلبـــــری‌ام داده‌انـد
صورتِ همچون پـری‌ام داده‌انـد

بی‌خبـر از گـردشِ ایـام بـود
غنچـهٔ شـاداب، ولی خـام بـود

تا نـگـری رنگِ رُخـش زرد شد
آتـشِ تـابنـدهٔ او سـرد شـد

روزِ دگـر بـاد امـانـش نـداد
فرصتِ آسـایشِ جانـش نـداد

نیـک سخـن دارم از آمـوزگـار
عمـر دو بایسـت در ایـن روزگـار

تا بـه یـکـی تـجـربـه آمـوخـتـن
با دگـری تـجـربـه بـردن به کار

## تصویرِ زنم

(دسامبر ۱۹۸۷ بهین در آمریکا و من در ایران بودم.)

با یاد تو آراسته‌ام خانه‌ام امشب
جُز یاد تو کس نیست به کاشانه‌ام امشب

من خیره به تصویرِ تو و موجِ نگاهت
در بند کشیده دلِ دیوانه‌ام امشب

بنشین به برم ای همه خوبی و ملاحت
تو شمعِ شب‌افروزی پروانه‌ام امشب

از عطرِ دل‌انگیزِ خیالت شده‌ام مست
از خلق جدا در برجانانه‌ام امشب

هر عهد که بستیم عیان در نظرِ من
هر شهد که خوردیم به پیمانه‌ام امشب

یارم به بَر و فارغ از اندیشهٔ هجران
تاجم به سر از دولتِ دُردانه‌ام امشب

ساقی همه او ساغر و پیمانه همه او
چندان شده‌ام مست که میخانه‌ام امشب

تا خلوتِ من روشنیِ صبح نگیرد
با مهرِ جهان‌تاب در این خانه‌ام امشب

## تلخیِ زمانه

شب بود و سکوتِ دلنوازی
آهسته صدایِ سیمِ سازی

من مست شراب ارغوانی
باز آمده بود نوجوانی

بس خاطره‌ها که یادم آمد
آن رفته دورِ شادم آمد

دل بود و هزار گونه یاور
یک تن نه از آن هزار در بر

پرواز به سوی آسمان بود
صد راز نهفته در گمان بود

سرمایه‌ی عمر ما جوانی
آسوده ز رنج زندگانی

سرمستِ می شباب بودیم
ما تشنه‌ی هر سراب بودیم

با بالِ خیال می‌پریدیم
تا مرزِ محال می‌دویدیم

دردا که سپیده سر برآورد
اندیشه‌ی رفته سر برآورد

من ماندم و تلخیِ زمانه
در حسرتِ یک جهان فسانه

## تـو را می‌پـرسـتم

من ار مستِ مستم ز جامِ تو مستم
اگر بُت‌پـرســتم تــو را می‌پـرســتم

مـن از عشـقِ تـو شــورِ پـرواز دارم
مـقـامی بـه خـلــوتــگــهِ راز دارم

بســـوزان که پــروایِ آتـــش ندارم
بمیـران که جُز جانِ بی‌غش ندارم

چو ساقی تو باشی به دستت اسیرم
چو سـاغر تو گیری به پایـت بمیرم

دلِ خسـتـه آهنــگِ کـوی تـو دارد
به هرجـا رود دیــده سوی تـو دارد

## جامِ تُهی

از آتـــشِ دل گـرمـیِ گفتـــار گرفتیـم
وارسـتگی از حلقــه‌ی زنّــار گرفتیـم

در خلـوتِ دل جُز رُخِ دلـدار ندیدیم
زانـدم که رهِ خـانــهٔ خمّـــار گرفتیـم

در میکده از زُهد ریائی خبری نیست
رفتیـم و شــفایِ دلِ بیـــمار گرفتیم

تا کـام‌روا گـردد و خورشـــید بـر آیـد
عمری مَـدد از چشـمِ گُهربار گرفتیم

در کویِ خرابات بسی رنـج کشیدیم
با جـامِ تُهـی پــرده ز اسـرار گرفتیم

شب‌های سیه تا سحر از هجر نخفتیم
با یــاریِ دل دامـــنِ دلـــدار گرفتیـم

### جامِ شراب

اگر چه مست و خرابم، کجاست بادۀ ناب
کجاست ساقیِ مجلس، کجاست جام شراب

براهِ میکده گُم گشته‌ام بیا ساقی
که ره برون نبرد هر که شد به کام سراب

بسی تلاش نمودم به روزگارِ جوانی
گذشت عمر و به پایان رسید همچو شهاب

کنون که قدرتِ پرواز رفته از بالم
چه یادها که به یادم رسد ز عهد شباب

بدین امید که شادی دوباره باز آید
پناه می‌برم از دست غم به جام شراب

## جایگهِ کبریا

شبنمی از برگِ گلی شد جدا
تا که شود ساکنِ کوی خُدا

بال و پر از پرتوِ خورشید یافت
رفت و ز زندانِ جهان شد رها

برگِ گُلَش همدم و همراز بود
ترکِ چنین یار نباشد روا

شبنم از آن راهِ ثریّا گرفت
تا شود از خویشتنِ خود جُدا

ور نه خدا در دلِ هر ذره ایست
شُعله‌ای افروخته در جانِ ما

اینهمه نالیم ز هجرانِ او
یار در اینجا و سفر تا کجا!

خلوتِ دل خالی از اغیار کن
تا که شود جایگهِ کبریا

## جبّار

روزی از روزهـــایِ پائیـــز است
کوچه از بـرگ و بـاد لبـریـز است

باد مست است و باده نوشیده است
از زرِ نـاب جامـه پـوشـیـده است

یکّـه‌تـاز است و نغمـه‌پـرداز است
زرفشانست و دست و دل باز است

گـاه آرام و گـه شتاب‌زده است
جـام‌ها از خُـم شـراب زده است

آسـمان پُر ز بـرگِ پائیـز است
از کران تا کـران دل‌انگیـز است

گر چه ما را نظرگهی زیبـا است
سینه زین ماجرا پـر از غوغا است

زان سبب دیــده‌ام گهربار است
که فـلک ناتـوانِ جبّـــار است

## جدائیِ دل

ای دل که را گویم که دل با من گـرانی می‌کند
با مـردمـانِ دیـده‌ام عهـدی نهـانی می‌کند

فریادِ من از دستِ دل تا آسـمان بـر می‌شـود
کآخــر چـرا در کـارِ مـن نـامهـربانی می‌کند

من بودم و مینـایِ دل مست از شـرابِ ناب او
این همـدمِ دیریـنِ من با من جـوانی می‌کند

خوش روزگـاری داشتم از دولتِ سـودایِ دل
دردا که با من این زمـان بی‌همزبانی می‌کند

تا دل جدا شد از بـرم من ماندم و چشـم تـرم
می‌ســوزم از هجـرانِ او، او سـرگرانی می‌کند

دل رفت و من تنها شدم سرگشته‌ای رسوا شدم
هر دم جفـایِ تـازه‌ای با یـارِ جـانی می‌کند!

## جفای دل

به سـوی دل دگر راهـی نـدارم
سوایِ سـینه‌سـوز آهـی نـدارم

پریشـان گیسویِ پُر پیچ و تابی
ربـود از کف همـه صبـر و قـرارم

کمـان ابرويِ من با تیرِ مـژگان
گرفت از مـن همـه دار و ندارم

دلِ بیچـاره‌ام عـزم سفــر کرد
سرشک از دیدگانم چون نبارم

مرا دل همدمی شیرین‌سخن بود
کنون هجـران زنـد بر دل شـرارم

کجا یابم چو او شـیرین زبانی؟
که بـا او عمرِ شـیرین را بر آرم

## جلوه گاهِ رُخ جانانه

آســمان بی‌خبـر از حـالِ پریشــانِ من است
همــدمِ غـم‌شـکنـم دیـدهٔ گـریــانِ من است

گر چه جان ز آتشِ هجـران به فغـان آمده باز
خوش صدائیست که سامانگرِ سامانِ من است

قصّــهٔ بی ســر و ســامـانیِ ابنــای بشــر
ماجـرائیســت که آزارِ تــن و جـانِ مـن است

از ازل جـــامِ فـلـک بـــادهٔ گلـفــام نداشت
کاینهمه اشـکِ روان رفتـه به دامانِ من است

ســینه گـر صـاف‌تـر از آینـهٔ جــام نمــود
جلــــوه گـــاهِ رخِ جــــانــانِ مـن اسـت

گــر نپــویم رهِ میخــانه و پیــمان شــکنم
گنــهِ آدم و حـــوّا بـه گریبـــانِ مـن اسـت

## جوانی

در جوانی شور و حالی داشتم
دم بدم رنگین خیالی داشتم

مرغِ جانم تشنهٔ پرواز بود
آرزوهای محالی داشتم

فارغ از بود و نبود زندگی
بهر پوئیدن مجالی داشتم

گه بر اوج آسمان بر می‌شدم
گاه با جامی جلالی داشتم

لحظه‌ها از آتش دل گرم بود
نی غباری از ملالی داشتم

گلشنِ اندیشه‌ام پُر بار بود
آفتابِ بی زوالی داشتم

حالیا آید به گوشم این ندا
یاد باد آندم که حالی داشتم

## جورِ زمان

صبح است و خزانِ دلفریبی
آزرده ز غم دلِ غریبی

از جورِ فلک هزار فریاد
بس خرمنِ گل که داد بر باد

تا غنچه به خنده آشنا شد
در عالمِ بی‌وفا فنا شد

پائیز اگر چه دلفریب است
از عمرِ دراز بی‌نصیب است

با هر وزشِ نسیمِ سردی
از شاخه جداست برگِ زردی

بیچاره به رقص و شادمانی
طی می‌کند این جهانِ فانی

سرگشته به هر طرف روانست
بازیچهٔ دستِ این جهانست

دل دارد از این زمانه فریاد
بس خاطره‌ها که برده از یاد

می ریز که زندگی همین است
بازنده کسی که دل غمین است

## جهان ز بُن خراب است!

ساقی قدحِ شرابِ من کو؟
آوایِ دف و رُبابِ من کو؟
پیمانه تُهی ز باده خوش نیست
آن آبِ حیاتِ نابِ من کو؟
افسانهٔ زندگی رها کن
غم‌هایِ نهفته را رها کن
برخیز و به رقص و پایکوبی
صد شور در این میان به پا کن
خوش باش که زندگی سرابست
هر نقش که میزنی بر آبست
در دفترِ خاطراتِ هستی
بنوشته جهان ز بن خرابست

## چرا، چرا؟

چرا با ما جهان نامهربان شد؟
بهارِ ما چرا اینسان خزان شد؟

نهالِ آرزو از ریشه خشکید
به جامِ بادهٔ ما شوکران شد

به گلشن غنچهٔ نشکفته پژمرد
سرشک از دیدهٔ نرگس روان شد

فروزان اختری بر آسمان‌ها
دو روزی جلوه‌گر بود و نهان شد

از آن پس مهربانی رفت از یاد
رسالت در کف سوداگران شد

### چشمهٔ نوش

به یادآید مرا آن دم که دل دادم به دلبندی
صفایِ عالمی دیدم نهان در شورِ لبخندی

نگاهِ خانمان‌سوزی ز مهرِ عالم‌افروزی
اسـیرِ پر تمنّائی نشـانِ تیـرِ دلدوزی

بخاطر آیدم روزی که دل در سینه‌ام لـرزید
ز شادی قطره‌ی اشکی بروی گونه‌ام لغزید

به جامم بادۀ مهر از نگاهِ چشم مستی بود
به کامم آتشی سوزان‌تر از سودای هستی بود

هنـوز از آتشِ پیــمانۀ چشـمِ تو می‌سـوزم
نگاهِ تشـنه را بر چشـمۀ نوش تو می‌دوزم

## چه خوش باشد

چه خوش باشد دوباره پر گشودن
به رویِ زندگانی در گشودن

بدان سویِ جهان پرواز کردن
دوباره سرخوشی آغاز کردن

نگاهِ آشنا را باز دیدن
صدایِ مهربانان را شنیدن

به باغِ آرزوها پر کشیدن
کنارِ سبزه و گل آرمیدن

سخن از باده و پیمانه گفتن
هزاران قصّه را از نو شنفتن

غمِ دنیا به دنیا وا نهادن
عنانِ دل به دستِ دل سپردن

که خوش باشد به شادی در نشستن
ز مستی ساغر خود را شکستن

## حدیثِ آتش

زمستان رفت و آتش بی‌بها شد
فرو مُرد و نهان از دیده‌ها شد

دگر از گرمیِ آتش سخن نیست
فروزان شعله را دیگر ثمن نیست

به هر جا پا نهد از او گریزند
ز بام و در به رویش آب ریزند

بفریاد آید از اینگونه بیداد
که همیاری چه آسان رفت از یاد

به گرد پیکر من شاد بودند
همه شور و همه فریاد بودند

به بزم باده‌نوشان جایِ من بود
هزاران دیده بر بالایِ من بود

مرا هر دم به گرمی می‌ستودند
غبار از من به نرمی می‌زدودند

همه آتش‌بیان و آتشین‌رو
به هر سو دلبری افشانده گیسو

ادامه دارد

### حدیثِ عشق

خدایا شامِ تارم را سحر کن
دلِ دیوانه را دیوانه‌تر کن

من آن بیگانه از خویشم خدایا
مرا با خویشتن بیگانه‌تر کن

اگر خواهی که جانم تازه گردد
حدیثِ عشق را جانانه‌تر کن

مرا در آتشِ عشقت بسوزان
منِ پروانه را پروانه‌تر کن

اگر با غمزه جانم را ستانی
به کارم غمزه را مستانه‌تر کن

چو دل در دامِ تو افتاده اینسان
الهی دام را پُر دانه‌تر کن

بسوزان هستی‌ام خاکسترم کن
خدایا شامِ تارم را سحر کن

# حلقه‌ی گیسو

خورشید کجا روشنیِ روی تو دارد
فردوس کجا نرگسِ جادوی تو دارد

در دام شدم تا که شوم بستهٔ زنجیر
زنجیر کجا سلسلهٔ موی تو دارد

در دیر شدم تا که زنم بوسه به محراب
محراب کجا طارم ابرویِ تو دارد

لب بر لبِ پیمانه نهادم که بخندد
پیمانه کجا خندهٔ دلجوی تو دارد

پا از درِ خمخانهٔ خمّار کشیدم
خمخانه کجا منزلتِ کوی تو دارد

دستی به دعا در سر سجّاده گشودم
سجّاده کجا حرمتِ یک مویِ تو دارد

از سینه برون گشته دل اندر پیِ دیدار
آری هوس حلقهٔ گیسویِ تو دارد

## خدا خانه

برو ای زاهدِ خودبین که خداخانه منم
نقشی از پرتوِ آن جلوهٔ جانانه منم

باخبر باش که بازارِ ریا می‌شکند
آنکه شد راهیِ بتخانه و میخانه منم

خرقهٔ زهد و ریا، جامهٔ رسوائیِ تست
خسته از مسجد و از سبحه‌ی صد دانه منم

چند گوئی که جهان بهرِ تو آراسته شد
دین و دل باخته‌ای عاشق و دیوانه منم

عاقبت خدعه‌ی تو خرمن دین خواهد سوخت
برو ای زاهدِ خودبین که خداخانه منم

### خدا مهربان است

چه زیبا روزی از فصلِ خزانست
نگاهِ تشنه‌ام هر سو روانست

گهی مست از شرابِ نابِ هر برگ
دمی بر آسمان‌ها پر کشانست

نگاهی فارغ از اندوهِ عالم
که محوِ جلوه‌هایِ این جهانست

به هر جا بنگری پیدا و پنهان
گواهِ روشنی از بی‌نشانست

جهان سرگشته می‌پوید شب و روز
اسیری در مسیرِ کهکشانست

هزاران کهکشان در پیچ و تاب‌اند
که بحرِ عشق بحری بیکرانست

به شادی بادهٔ گلرنگ نوشید
خدایِ آسمان‌ها مهربانست

# خزانِ عمر

خزان عمر به شب‌هایِ بی‌ستاره گذشت
هـزار خاطـره از خاطرم دوبـاره گذشت

دوباره شـعلهٔ خامـوشِ دل زبـانه گرفت
دوباره کـــودکِ دل راهِ آشـــیـانه گرفت

بــدان دیـار که گـل را جفـایِ خـار نبود
بــدان دیـار که غیر از صفـا بـه بـار نبود

بدان دیـار که شـب‌ها سـتاره‌بـاران بود
ز کـویِ میـکده فریـادِ میـگســاران بود

سـپیـد قلّـهٔ الـونـد آسـمان می‌سـود
خـدای باخبـر از حـالِ مـردمان می‌بود

ز نـــورِ بـــاده شـبِ تیـــره روز روشـــن بود
خزانِ زنـده‌دلان چون بهـارِ گلشـن بود

## خزان

خزان آمد گه عمرِ غم سر آید
خزان از نوبهاران برتر آید

خزان آید که آتش برفروزد
ز گرمی خرمن خامان بسوزد

وز آن آتش زند بر ما شراری
که سوزد جان و دل با بی‌قراری

قراری گر نباشد شادمانیم
به شادی برترین شادِ جهانیم

خزان را گر چه کوته روزگاریست
به هر سو بنگری نقش و نگاریست

جوانی گر چه شیرین ماجرائیست
درون سینه دل مهمان‌سرائیست

مرا پیری بسی شیرین‌تر آید
به کامم همچو شیر و شکّر آید

جوانی چون بهاری گل فشانست
نهایت میوه در فصلِ خزانست

## خسته دل

دلی که خسته شد دگر ترانه سر نمی‌دهد
بـر آتـش درون دگر سرشـکِ تر نمی‌دهد

به اوجِ آسـمان دگر ز خود سـفر نمی‌کند
ز کوچـه بـاغِ رفتـه‌ها دگر گـذر نمی‌کند

خزانِ چهره را دگر به می صفـا نمی‌دهد
به دردِ بی‌دوایِ خـود دگر شفـا نمی‌دهد

صدایِ خسته دل مرا دمی رهـا نمی‌کند
که این جهانِ پُر جفا به کس وفا نمی‌کند

کسی ز شـهر ما به ما دگر خبـر نمی‌دهد
فغـانِ بی‌امـانِ مـا دگـر ثمـر نمی‌دهد

به کامِ تشـنه‌ام کنـون یَمی اثـر نمی‌کند
به کوره راهِ عمرِ مـن کسی نظر نمی‌کند

دلی که خسته شد دگر ترانه سر نمی‌دهد
بـر آتـشِ درون دگر سرشـکِ تر نمی‌دهد

## یک سال پس از جراحی کبد MRI طبیعی بود
(برای بهین سروده شد)

مهربانم با تو می‌مانم هنوز
شعرِ شورانگیز می‌خوانم هنوز

گر چه روزی باید از دنیا گُسست
تا که هستم عشقت ایمانم هنوز

تا بخاموشی گراید شمعِ جان
بر سرِ آن عهد و پیمانم هنوز

گر نتابد ماه و مهر از آسمان
شُعله‌ها بر خیزد از جانم هنوز

بیمِ هجران گر چه از این خانه شد
همچو ابری گوهرافشانم هنوز

دوری از یاران بسی دشوار بود
گر بدینسان من پریشانم هنوز

شکرِ ایزد را که غم پایان گرفت
در پناهِ مهرِ یارانم هنوز

## خلوتِ دل

ما در رهِ جانانه سر از پا نشناسیم
ما زادهٔ موجیم و ز دریا نهراسیم

از تاجِ فلک گوهرِ مقصود بر آریم
خاکسترِ عشقیم و دگر دود نداریم

ما رشته‌ی هر دام که دیدیم بُریدیم
اندر رهِ میخانه مُرادیم و مریدیم

یک جُرعه گرفتیم و غم از سینه زدودیم
آری به صفا سبقت از آئینه ربودیم

در بادیه‌ی عشق و جنون گام نهادیم
صد ننگ خریدیم و بدان نام نهادیم

در خلوتِ خود غیر خدا هیچ ندیدیم
وندر طلبش پرده‌ی اوهام دریدیم

# خوابِ خوش

(بهین برای دیدن فرزندان در امریکا و من
تنها در ایران بودم. ۱۳۶۳ خورشیدی)

دیشب بخوابم آمد آن مهرِ مهربانم
با دلستانی آمد آن ماهِ دلستانم
آتش به جانِ غم زد با لطفِ بیکرانش
من شکوه‌ها نمودم از هجرِ بی‌امانش
او شاد بود و خندان، من ناامید و گریان
زیرا که هجرِ او را پیدا نبود پایان
او قصّه‌ها بیان کرد با عشوه‌هایِ شیرین
من غصّه‌ها شمردم با آه و اشکِ خونین
بر دیده‌اش نشاندم گوهر بسی فشاندم
دُردانه‌ی سخن را بر هر دری کشاندم
نازک‌تر از گمان شد بر اوجِ آسمان شد
صافی‌تر از صفا شد دریایِ بیکران شد
دردا که شب سر آمد بانگ سحر بر آمد
چون دیده را گشودم اشکم ز سر بر آمد

## خوابِ شیرین

(درخواب دیدم که مرابرداربستند)

به خوابِ خوش مرا از بند رستند — به آرامی طنابِ دار بستند
چه آسان جانِ شیرینم بر آمد — چه شیرین عمرِ دیرینم سر آمد

پس از عمری به آزادی رسیدم — به آزادی بدین شادی رسیدم
بسوی بی‌نشان پرواز کردم — رهی بر آسمان‌ها باز کردم

رها از آرزوها شاد بودم — ز بندِ زندگی آزاد بودم
سبک بی‌بال و پر چون قوی بر آب — فراز کهکشان آرام شاداب

نه اندوهی دگر در سینه‌ام بود — نه باری بر دلِ بی‌کینه‌ام بود
هوائی خالی از آلودگی‌ها — فضائی عاری از بیهودگی‌ها

در آنجاها پدر بر بستری بود — بدان بستر چو تابان اختری بود
مرا می‌دید و اندوهی نهان داشت — دلی آزرده از دست جهان داشت

بدو گفتم که من بس شادم امروز — ز زندان جهان آزادم امروز
بدینسان تا ثریّا رفته بودم — دمی از رنج دنیا رسته بودم

### خودپرستی

رقصیدنِ ابر خوش فریباست
امروز جهانِ پیر زیباست

با آنکه به شاخه نیست برگی
صد ناز به هر چمن هویداست

در پهنه‌ی آسمانِ آبی
بس نقشِ بدیعِ ابر پیداست

بر بامِ فلک خدایِ ناهید
بنشسته به بستری ز گلهاست

بر پیکرِ شاخه‌هایِ عریان
دُردانه‌ای از خدایِ دریاست

اشکی اگر از دو دیده بارد
هر قطره جهانی از تمنّاست

خورشید اگر شکسته بال است
ز آراستنِ جمالِ بیجاست

بیچاره کسی که خود پرستد!
سرگشته چو مهر در ثریّاست

## داغِ تمنّا

مائیـــم که آشفتـهتر از بـــرگِ خزانیـــم
با هر وزشِ بـاد به یک سـوی دوانیـــم

از بسکه شکسته است پَر و بال ز بیداد
چون مـرغِ اسیری به قفس بال‌زنانیم

گر چند گهی بوســه ز پیـمانه گرفتیم
بـر گنبـد دوّار کنـــون اشـــکِ روانیـم

یک چنـد به دنبـال خُرافـات دویدیـم
در مرتبهٔ عشـق کنون رشـکِ زمانیـم

دانی که بـه دل داغِ تمنّـای تـو داریم
بـــا اینهمـه خـامــوش‌تـر از آهِ نهانیـم

بـــا آنکه سیه روزتـر از شـــامِ خزانیـم
ما ذرّه‌ای از پـرتـــو آن جـانِ جهانیـــم

## داغِ نهفته

از دستِ فلک هزار فریاد
مائیم و دلی که رفته از یاد

دل بود و نگارِ مهربانی
خورشیدِ پگاهِ زندگانی

از بادهٔ عشق مست بودیم
شیداتر از آنچه هست بودیم

کاشانهٔ دل تُهی ز غم بود
آسوده ز هر چه بیش و کم بود

این خانه بسانِ رفته‌ها نیست
در کارِ جهان دگر وفا نیست

آزرده دل از دیارِ خویشم
از آنهمه بد دلی پریشم

اندیشهٔ کوچ مشکلم بود
صد داغِ نهفته در دلم بود

بس دیده به دامنم گُهر کرد
آزرده دلِ مرا بَتَر کرد

دانم که زمان بسی نپاید
افسانهٔ نیک و بد سر آید

می نوش که غم کران ندارد
بی نام و نشان امان ندارد

## دامِ نهان

این برگِ خزانست که در کوچه روانست
آهسته برانید که این برگ خزانست

از جورِ زمان در گذرِ باد فتاده است
سرگشته به هر برزن و هر کوچه روانست

از بند رها گشته و پیوند گسسته است
آمادهٔ پرواز بدانسوی جهانست

از بادهٔ گلرنگ به جامی شده سرمست
هر می زده را گونهٔ گلرنگ نشانست

با هر وزشِ باد تنِ شاخه بلرزد
دل کندنِ دلدار ز دلداده گرانست

صیّادِ زمان یک دمِ بیکار ندارد
اندر پیِ آزردنِ هر پیر و جوانست

دانی که چرا اینهمه مشتاق به دامست
صد دانه به هر گوشه‌ی این دام نهانست

## درختانِ مست

خزان می‌رسد با درختانِ مست
نشاید که بی باده یکدم نشست

به بزمِ خزان جام باید گرفت
ز دورِ زمان کام باید گرفت

شرابی که هر برگ نوشیده است
به خُمخانهٔ عشق جوشیده است

خوشا عشق و مستی به فصلِ خزان
همه بی‌خیالی چو دیوانگان

جوانی چو جامِ شقایق شکست
نشاید به سوگ جوانی نشست

خزانست و آتش به جامِ جهان
شرر خیزد از جانِ پیر و جوان

بنازم به بزمِ درختانِ مست
نباید که بی باده یکدم نشست

## دردِ هجر

اگـر چـه خسـتهدلم را دگـر هـوائی نیست
بغیـر عـشـق تـو دردِ مـرا دوائی نیست

به یـادِ کـویِ تـو چشمم سـتـارهباران است
سوایِ نـامِ تـو در گوشِ جان نوائی نیست

ز یـادِ کویِ تـو گل میدَمَد به خاطـرِ مـن
به هر چمن که گذر می‌کنم صفائی نیست

بیـا و خلـوتِ دل را دوبـاره گـلشـن کن
که بیش از این دلِ ما را سرِ جُدائی نیست

مـرا بـه دل هـوسِ کـویِ پارسـایان است
در ایـن دیـار نشـانی ز پارسـائی نیست

ز یـادِ خـاکِ وطـن دیـده میشود روشـن
اگر چه خـاکِ وطـن را دگر جلائی نیست

بیـا که دیـده پُـر آبـست و سـینه آتـشبـار
ز دردِ هجـر به گیتـی بَتـر بـلائی نیست

## در سوگِ
## بزرگمردِ ادب ایران، دکتر محمّد حقوقی

حقوقی رفت و نامش جاودانست
هزاران دل به یادش نغمه خوانست

سزد گر دیده خون بارد به دامن
که دل آزرده از پیر آسمانست

ربود از ما ادیبی نکته‌دان را
همه نامردمی کارِ جهان است

سخندان شاعری دانا ادیبی
که مرگش بی‌گمان دردی گران است

فلک گردد به کامِ سفله مردم
به کام نیک‌مردان شوکران است

فروزان اختری چشم از جهان بست
به سوگش زنده رودِ اصفهان است

## در سوگِ مادرم

سـپید گیسویِ من مـامِ مهـربانـم کو؟
فـروغِ خـانـه‌ی مـن راحـتِ روانـم کو؟

کنون که بادِ خزان می‌وزد به گلشنِ عمر
تـوانِ دیـده و نیـروی بـازوانـم کو؟

خرابِ سیلِ سرشکم شده‌ست خانهٔ دل
کجـاست مـرهـم دردم خـدا یـگانـم؟

نـگاهِ تشنـهٔ من می‌دود به هر در و بـام
شکسـته قـامتِ صـبرم دگر توانـم کو؟

ندایِ خستهٔ من پر کشد بر اوج سپـهر
کجاست صـاحبِ[1] من مـاه آسـمانـم؟

ز خـاک لالـه بر آمـد چمـن دل‌آرا شـد
یـکی نگفـت ز یـاران که بـاغـبانم کو؟

فـلک ربـود ز مـن مهـر عـالم‌آرا را
چگـونه لابـه کنـم کان امیـد جـانـم؟

---

۱. نـام مـادرم صاحـب بـود

## در سوگ
## مهندس محمّد معصوم در ایران

بـاز غـــمِ رفتـــن یـــاری دگـر
کاش نبـودم بـه دیـــاری دگـر

خون رود از دیده به دامانِ من
چرخِ فـلک نیست بفرمانِ من

ورنه کجـا اینهمـه بیـــداد بـود
جانِ من از اینهمه بیداد سـود

دم بـدم از نـو خبـری می‌رسـد
تــازه‌تـر از تــازه‌تـری می‌رسـد

نیست دگـر تـابِ شـنیدن مـرا
بـارِ غـم اینـگونه کشـیدن مـرا

نیست کسی را خبـر از روز من
اشــکِ من و آه جـگرسـوز من

آتـشِ غـم سوختـه بـال و پـرم
شعله فکنده است ز پـا تا سـرم

کاش جهان بی‌سروسامان شود
خون جـگر از رفتنِ یـاران شود

غنچـــه نـرویـد به بهـــارانِ او
خـون رود از دیـده به دامان او

## دریاب مرا جانا

امروز چنان مستم، کز هر دو جهان رستم
دل از همه بر کندم، با مهرِ تو پیوستم

ای پادشهِ خوبان، ای خسروِ محبوبان
با آنهمه شیدائی، در پایِ تو بنشستم

با یادِ تو دلشادم، از هر چه غم آزادم
بی ساغر و پیمانه، بنگر که چسان مستم

ای عشقِ تو ایمانم، ای دردِ تو درمانم
بس توبه و پرهیزم، کز بهر تو بشکستم

من صید و تو صیّادی، ای بندِ تو آزادی
در دامِ تو افتادم، شد کارِ دل از دستم

تو ماهِ بدخشانی، من شعلهٔ لرزانم
دریاب مرا جانا، این لحظه که من هستم

امروز چنان مستم، کز هر دو جهان رستم
دل از همه برکندم، با مهرِ تو پیوستم

## دریایِ طوفانی

تا کس نبیند اشکِ من زان گریه پنهانی کنم
در خلوتِ خونینِ دل با دیده همخوانی کنم

با آنکه دور از تابشِ خورشیدِ تابانم کنون
شب‌های بی‌فرجام را با باده نورانی کنم

از آتشِ سودایِ دل صد شعله خیزد دم به دم
در وادیِ سرگشتگان پیمانه‌گردانی کنم

پیرانِ ره گم کرده را از گردشِ پیمانه‌ها
فارغ ز تشویشِ درون مردانِ ربّانی کنم

تا دل به جانان باختم در پرتوِ دلدادگی
ویران اگر شد خاطری درمانِ ویرانی کنم

پویندگانِ خسته را افتاده از پویندگی
بارِ دگر با شعله‌ای گُردانِ میدانی کنم

بر دشتِ خشک آرزو روئیده گر خار از زمین
با سیلِ اشک بی‌امان دریای طوفانی کنم

### دریایِ نور

باز دل از سینه برون آمده
مست‌تر از رفته کنون آمده

از پیِ دیدار ندارد قرار
گم شده اندر خمِ گیسویِ یار

خسته ز پیمودنِ آن راهِ دور
غوطه‌ور اندر دلِ دریای نور

رسته ز هر بند بجُز بندِ او
مست شکر خندهٔ دلبندِ او

سوخته از جامِ شرربارِ می
شیفتهٔ نرگسِ تبدارِ وی

جان به رهِ دوست فدا کرده به
هر چه نه از اوست رها کرده به

نیست بجز عکس تو در سینه‌ام
سینهٔ آزردهٔ بی کینه‌ام

قطره‌ای از جام شرابم بده
مستی از آن بادهٔ نابم بده

## دریغا بر نمی‌گردد جوانی

به یاد آید مرا ایّام دیرین    کز آن ایّام دارم کامِ شیرین
زمین و آسمان رنگِ دگر داشت    درختِ آشنائی‌ها ثمر داشت
سراسر زندگی صلح و صفا بود    بجای کینه در دل‌ها وفا بود
به هر جا نغمه‌ای بود و نوائی    پیامی ز آشنا بر آشنائی
سخن‌ها عاری از رنگ و ریا بود    به دل‌ها نوری از سوی خدا بود

کنون

نگاهِ هم‌زبانان بی‌فروغ است    پیام آشنائی‌ها دروغ است
زمین و آسمان صد رنگ دارد    خدا از این جهان بس ننگ دارد
نوایِ نی نوای بینوائی    هزاران درد امّا نی دوائی
بسی افسرده‌ام ساقی شرابی    بزن بر آتشِ جان جام آبی
شنیدم این سخن از مهربانی    دریغا بر نمی‌گردد جوانی!

## دفترِ عشق

زان آتشِ جانسوز که در جام گرفت
خورشید جهان‌تاب سرانجام گرفت

هر جا که نشان ز بی‌نشان می‌بینی
آنرا که نهانست عیان می‌بینی

هر برگِ گلی که رنگ و بوئی دارد
از دفتر عشق گفت‌وگوئی دارد

مستانِ میِ عشق ز خود بی‌خبرند
مستان دگرند و خودپرستان دگرند

زاهد که ز اسرارِ جهان بی‌خبر است
معلوم نشد چرا که صاحب‌نظر است

تا عشق نهان به خانهٔ جان منست
خورشیدِ فلک به دورِ ایوانِ منست

از دولتِ عشق بی‌نیازم به جهان
دین پایهٔ بی‌نیازی ایمانِ منست

## دلِ بی‌قرار

هوای بهار است و دل بی‌قرار
دلی کز جوانی ندیده بهار

هوائی که دل برده از شیخ و شاب
نه سرد است و نی گرمیِ آفتاب

درختانِ پائیز و بادِ بهار
کجا دیده کس اینچنین شاهکار

هوا پاک و روشن چو جامِ بلور
به پاکی چو شبنم به صافی چو نور

براندازد از دل همه درد را
چو می برفروزد رُخ زرد را

خزانی بدینگونه جانِ من است
توانِ تنِ ناتوانِ من است

اگر چه جوانی بسی زود شد
به چشم جوانی همی دود شد

خزان آمد و باده در جام کرد
دلِ بی‌قرارِ مرا رام کرد

## دلِ داغدار

بهـــار آمـــد و دور از دیـــارِ خویشـــتنم
نگـر چـه بـی‌خبـر از روزگـار خویشـتنم
بدین اُمید که خورشید بر دَمَد همه شب
ســتاره‌چیـنِ دلِ بـی‌قـرارِ خویشـتنم
گذشت عمـر و دمی بر مـرادِ دل نگذشت
منم که سوختـه جان از شـرارِ خویشـتنم
به اشـکِ دیده بشـویم غم از صحیفـه دل
که در غـروبِ خزان غمگسـارِ خویشـتنم
ز یـادِ شـهـر و دیـار آنچنـان پریشـانم
که بی‌خبـر ز خـزان و بهـار خویشـتنم
به هـر کجـا که روم قبـله‌ی من ایرانست
به یـاد مـردم شهـر و دیـار خویشـتنم
شکست قامتِ صبرم کجاست جام شرابی
که مـن اسـیـرِ دلِ داغـدارِ خویشـتنم

### دلِ دیـوانه

مباد آن دم که آهـی سـرد گردد
دلِ دیــوانه‌ای بـی درد گردد

بنــازم سـوزِ آهی را که سوزد
به دریا گر شـود آتش فروزد

رهـا بر کهکشـان‌ها پر کشاند
به بـزم آسـمان سـاغر سـتاند

گهی سرگشته برگرد سـماوات
دمـی آواره در کـوی خرابـات

خوشا نقشی ز رویِ یـار دیدن
ز مستی سوی او با سر دویدن

نگه را با سرشک دیده شستن
همـه ناگفتـه با نادیده گفتن

## دو دلداده

چو می‌سوخت پروانه با شمع گفت
مرا دیده دور از تو هرگز نخفت

به پایِ تو گر جان فشانم رواست
که دلداده را جانفشانی سزاست

مرا عطرِ گل‌ها سبب‌ساز نیست
که هر نغمه‌ای نغمهٔ ساز نیست

چه شیرین به پایِ تو جان باختن
ز هستی تنِ خویش پرداختن

به گرد تو گردم که جانِ منی
به پای تو میرم که آنِ منی

ز نورِ تو روشن شبِ تارِ من
ز شورِ تو پرشور گفتارِ من

دلِ شمع زین گفت‌وگو آب شد
چو مجنون پریشان و بی‌تاب شد

دو دلداده اینگونه دل باختند
به هم سوختند و بهم ساختند

## دور از دیار

دلِ تنگم هوایِ خانه دارد
هوایِ گریهٔ مستانه دارد

من آن تنهایِ دور از همنشینم
خوشا شمعی که یک پروانه دارد

دمی چون ابر نیسان اشکبارم
گهی اندوهِ عالم در کنارم

فلک دیوانهٔ دیر آشنائی
کجا دارد خبر از روزگارم

نمی‌داند که هجران سینه‌سوز است
بهارِ عمرِ شادی‌ها دو روز است

اگر دستم رسد بر زیرش آرم
جهانِ پیرِ رُسوا کینه‌توز است

اگر پَر داشتم پَر می‌گرفتم
بهارِ رفته از سر می‌گرفتم

میانِ هم‌زبانان بارِ دیگر
به یادِ رفته ساغر می‌گرفتم

## دورانِ بی‌قراری

دردا کـه دل نـدارد بـا دیـده سـازگـاری
سـازی که چـاره سازد دوران بـی‌قـراری

از دیـده اشـک خـونین بارد به دامـنِ من
زیـرا کـــه دل ندارد پـیـــوند بـا مـنِ من

عمـری اسیرِ دل شد این جـانِ پر شـرارم
فـریاد از این اسـارت از کـف بشد قــرارم

بـس رنـج‌ها کشـیدم تـا کـامِ دل بـر آیـد
باشـد کــزیـن مـیــانه آوارگــی سـر آیـد

شـب‌هـایِ بی‌سـتاره با نــورِ مـاه سـر شد
از سینه اشکِ سوزان از دیده اشکِ تر شد

شـوریده جـانِ مـا را شـوری به پا نباشـد
رنــدانِ بــی‌نـــوا را دوری روا نــبــاشـد

از آتــشِ درونـــم آگـــه نـشـد دل من
با عــقـلِ بـی‌کفــایت افتــاد مشـکلِ من

## دوری

باز من و هجرِ جگر سوزِ من
تیره‌تر از شام شده روزِ من
رفته ز کف تاب و توانم دگر
این همه دوری نتوانم دگر
چند کشم بارِ جدائی به دوش
گه به فغان باشم و گاهی خموش
خانه‌ی دل بهر تو آراستم
باز ترا من ز خدا خواستم
بی تو نخواهم که برآرم دمی
ای که مرا خوبترین همدمی
با تو بهین زندگی آغاز شد
هر چه که ناساز همه ساز شد

## دولتِ عشق

هــوایِ ســرکــشِ صــبــح خــزانــم
فــرازِ کــوه و دریــاهــا وزانــم
دمــی درپیــچ و تــابِ مــوجِ دریــا
گـهــی بالاتــر از هـفــت آســمــانــم
فــروزان اخــتــران افــتــان و خــیـزان
مــن انــدر بــارگــاهِ بــی‌نشــانــم
چـو مــی نوشــیدم از پیــمــانهٔ دوســت
زدم آتــش بــه ســودایِ نــهــانــم
چـو عشـق آمـد رهــا گشـتم ز هـر بند
تــهـــی از آرزوهـــای جــهــانــم
شــرر مــی‌بــارد از هــر ذرّه مــن
دگــر مــن نیســتم، آتــش‌فـشــانــم

## دیدار دوست

بسی سرمست و دست‌افشانم امشب
پیاله بر کف و رقصانم امشب

گدایِ بی‌نیازِ پُر زِ نازم
به پایِ آن شَهِ خوبانم امشب

چنان از شوقِ رویش بی‌قرارم
که دست‌افشان و پا کوبانم امشب

بیا ساقی خموشم کن به جامی
که من چون بادۀ جوشانم امشب

بزن آبی بر آتشخانۀ دل
که آتش جان و آتشدانم امشب

از آن ترسم دو عالم را بسوزم
که من چون شعلۀ سوزانم امشب

فلک با من نسازد من چه سازم
اسیرِ طُرّۀ جانانم امشب

## دیدار یاران در ایران

کنونکه نوبتِ دیدارِ رویِ یارانست
دوباره گلشنِ جانم شکوفه بارانست
ز یُمنِ دولتِ دیدار آنچنان مستم
که جامِ باده به کف چون حُباب لرزانست
چه سال‌ها که به غربت گذشت و دلتنگی
هُمای بختِ من اینک به بامِ ایوانست
اگر چه بادِ خزان در کمینِ جانِ منست
چه غم که فصل بهار است و گل فراوانست
ز بسکه غُنچهٔ خندان گرفته راهِ نظر
خجسته خاکِ وطن منظری ز رضوانست
نگاهِ تک تکِ یاران بجان زند شررم
زبانِ حالِ دل از دیده ها نمایانست
هوایِ دلکشِ فصل بهار و بادهٔ ناب
فروغِ دیدهٔ من خاکِ پاکِ ایرانست

## دیدار دوست

مرغکی از بام تمنّا پرید
سوخته جانی سویِ بالا کشید

خانه رها کرد و رها شد ز بند
بال‌کشان تا به ثریّا رسید

مست شد از گردشِ والای خود
باده‌ی ناب از دلِ مینا چشید

پای چو از دایره بیرون نهاد
هیچ بجز دلبرِ رعنا ندید

جان همه شد واله و شیدایِ او
تا که دل از دامنِ دنیا رهید

پردهٔ پندار به یکسو فکند
زانکه رُخِ یار هویدا بدید

مست شد از بادهٔ دیدارِ دوست
کارِ جنون تا به ثریّا کشید

## دیده‌ی منتظر

ســال‌ها رفـت و مـرا دیـده بـراه است هنوز
دیــدهٔ مـنـتـظرم مـسـتِ نــگاه است هنوز

آســمان پرتــوی از جلــوهٔ رُخســارِ تـو بود
ســینهٔ ســوختــه‌ام بســترِ آه است هنوز

تـا دل انـدر گـرهٔ زلــفِ ســیـه فـامِ تـو شـد
روزِ من چون شبِ دیجور سـیاه است هنوز

کـارِ رســوائیِ دل بـر ســرِ بــازار کشید
طفـلِ بیچـارهٔ دل غـرقِ گنــاه است هنوز

مهـر و مَـه شـعله‌ای از آتشِ سوزان تـو بود
داغِ این شـعله عیان بر رُخِ مـاه است هنوز

چــرخ را گــردشِ پــرگار بفـرمـانِ تـو شـد
کــارِ ایـن گــردشِ پــرگار تبــاه است هنوز

گر چه جان جلوه‌ای از آن رُخِ پُر تاب ندید
دیــده‌ی منتـظـرم مستِ نـگاه است هنوز

## پیمانه زنید عاشقانه

دیروز برون شدم ز خانه
سرمست ز بادهٔ شبانه

بر سر هوسِ سرودن آمد
از سینه برون شد این ترانه

هر کس که ندارد آرزوئی
هرگز نخورد غم زمانه

تا کارِ جهان به کام گردد
پیمانه زنید عاشقانه

این کهنه فلک حیا ندارد
صد تیر زند به یک نشانه

هرجا نگری نهاده دامی
فریاد زدامِ بی‌بهانه

طوفان زده بحرِ پُرخروشی
بحری که نباشدش کرانه

کشتی‌شکنِ فریبکاریست
آتش فکند بر آشیانه

بر عمرچو نیست اعتباری
تا چند ریای زاهدانه

زان پیش که زندگی سر آید
پیمانه زنید عاشقانه

## دیوانه دل

دیـوانــه دلـی دارم در بـنـدِ سیه مـوئـی
آشــفته ســری دارم ســوداگرِ بدخوئـی

گه شاد و گهی محزون آشفته‌تر از مجنون
در دایرهٔ هســتی ســرگشته به هر ســوئی

جوینـده‌ی گُمراهی پوینـده‌ی هر راهی
انــدر پــیِ آگـاهـی آواره بـه هـر کــوئی

سرمستِ غزلخوانی شوریده‌ی خندانی
دلـداده‌ی گـریانـی بـی‌شـاهدِ دلجوئـی

ما شُـعلـه‌ی سـوزانیـم مـا دودِ پریشـانیم
از رنـدِ گُنــه‌کاری آداب چـه می‌جـوئـی؟

این گـنبدِ مینائــی با این همـه زیبائــی
در دیــدِ نظــربازان کمـتر ز ســر موئــی

تا دل به تو پیوستم از هر دو جهان رستم
در عالمِ شــیدائی مائیـم و ســیـه موئـی

## رازِ نهفته

جان به جانان سپردنم هوس است
رخت از این خانه بردنم هوس است

خانه تاریک و جایِ بودن نیست
مرغ دل را پراندنم هوس است

ساقی آتش مزن به دامنِ دل
باده با دوست خوردنم هوس است

خسته از رنجِ دیر پای حیات
رویِ محبوب دیدنم هوس است

شورِ پروازِ عشقِ شیرینم
بندها را گسستنم هوس است

جذبهٔ شوق جان همی سوزد
برتر از مهر رفتنم هوس است

رازِ بنهفته فاش نتوان کرد
راز دل را نهفتنم هوس است

## رشکِ برین

فرشِ چمن از دولتِ پائیز چمانست
از دولتِ پائیز چمن نقشِ جهانست
بر گردنِ هر شاخه گلوبندِ خزانست
صد گوهر یکدانه به هر گوشه روانست
در پرتو پائیز زمین رنگ شرابست
دلداده و دلدار همه مست و خرابست
از ساغر گلرنگ میِ ناب بنوشید
افسانهٔ فردوس برین نقش بر آبست
بی‌پرده بگوئید که فردوس همینجاست
در هر گذر این نکتهٔ ناگفته هویداست
از باد مگوئید که مست است و غزل خوان
از ابر مپرسید چرا اینهمه زیباست
گر نیک بپائید جهان رشک برین است
هر برگ که در رهگذر افتاده نگین است
دانی که چرا اینهمه پائیز فریباست؟
از بسکه زر ناب به یاغوت قرین است

## رضا جانم مرا مورد مهر قرار داده است

بی‌خزان سروِ صد بهار توئی
شاخهٔ سبزِ خوش‌نگار توئی

شوقِ پائیز و شور و حالِ بهار
شاعرِ فصلِ بی‌قرار توئی

شمعِ تابانِ بزمِ شب‌زدگان
در همین روز و روزگار توئی

روشنی‌بخشِ خلوتِ جانان
جانِ خورشیدِ شب‌شکار توئی

سوز و سازِ دلی به وسعتِ مهر
نغمه‌پردازِ یادِ یار توئی

آفتابی و سر زدی ز خزان
آسمانِ ستاره‌دار توئی

آذر آرای بس خجستهٔ عشق
روحِ آذارِ نو بهار توئی

نی که خاری به شوره‌زارِ زمان
گلِ بی‌خار لاله‌زار توئی

منتظر ماندهٔ توایم و هنوز
مایه‌ی شوقِ انتظار توئی

قبله‌ی (میری) و مُرادِ دلی
از نظر دور و در کنار توئی

## رنجِ بی‌شمار

خسته از روز و روزگار منم
شاخه‌ی خشکِ بی‌بهار منم

برگِ زردِ خزانِ زندگی‌ام
شمعِ گریانِ بی‌قرار منم

سوزم از شعله‌های پنهانی
سوزم اینسان و استوار منم

قصّه‌ها دارم از گذشتِ زمان
بی‌ثمر قصّه زان هزار منم

آسمان گر ستاره می‌بارد
آنکه بیرون بُد از شمار منم

ای بسا از کویر سبزه دَمَد
خارِ بی‌بارِ شوره‌زار منم

سال‌ها رفت و هر چه بود گذشت
حاصل رنجِ بی‌شمار منم

## رهنورد

می‌روم تا راهیِ دریا شوم
راهیِ دریایِ نا پیدا شوم

تا بنوشم باده از دریایِ عشق
آتشی سوزنده سر تا پا شوم

می‌روم بر آسمان بی بال و پر
تا به کارِ عشقِ او بینا شوم

رهنوردی فارغ از تشویشِ دل
در مصافِ عشق بی‌پروا شوم

تا به پایان آید این آوارگی
همچو موجی سدشکن بالا شوم

نک رها گشتم من از زندانِ تن
تا اسیر آن بتِ رعنا شوم

غوطه‌ها خوردم به بحرِ بیکران
تا ز شورِ عشقِ او رسوا شوم

## زادروز دخترم (در دیماه)

بیا ساقی شرابم ده که دی شد
قدح پُرکن که دورلاله طی شد

من آن سرمستِ پرشورم که گفتی
سرابِ هستی‌ام دریایِ می شد

بزن مطرب که عمرِغم سر آمد
بهاری شد اگر، خود دیگر آمد

به باغِ گل، گلی جانانه روئید
گلی کو بوستان را زیور آمد

زمین و آسمان پاک از ریا شد
ز شیرین دختری شوری به پا شد

ز مُشک جانفزای گیسوانش
فضایِ خانه‌ی دل پُر صفا شد

نگاهی با نگاهی خورد پیوند
دلی را دلرُبائی بُرد در بند

به یاد آید مرا دیدارِ اوّل
که بر قندِ لبانش بود لبخند

## زهره ومنوچهر (ایرج میرزا)

در کتاب افکار و آثار ایرج میرزا که با سعی آقای سیّد هادی حائری (متخلص به کورش) تنظیم شده خواندم که ایرج میرزا منظومه زهره و منوچهر را در پایان زندگی سروده و بهمین سبب این تابلوی زیبا که شاهکاری از ادب پارسی است، ناتمام مانده است. تنی چند از شعرا همچون عبدالحسین حسابی، مصطفی قلی بنی و سلیمان شیبانی، ۷۶ بیت آخر را سروده‌اند. من نیز ابیات پایانی را ساختم و با توجه به اینکه در این باب ادّعائی ندارم از دیگران در تکمیل این منظومه یاری می‌جویم.

روزِ دگـر زهـره خـداوند عشـق
واله و شـیدا شده پا بندِ عشـق

سُـرمه بدان نرگسِ بیمـار کرد
عـزمِ سـرا پـردهٔ دلـدار کـرد

خویشتن آراسته چون خاکیان
دور ز چشـم هـمـه افـلاکـیـان

باز بـدان جـایـگـه آمـد پـدیـد
لـیک ز دلـدار نشـانی نـدید

شـد نـگـران از پـیِ دیـدارِ او
کـز دل و جـان بـود گرفتارِ او

دید یکـی خیـمه و خـرگـاه را
رفت که بینـد مـگر آن شـاه را

باز بدان جایگه آمد پدید
لیک ز دلدار نشانی ندید

شد نگران از پیِ دیدارِ او
کز دل و جان بود خریدارِ او

دید یکی خیمه و خرگاه را
رفت که بیند مگر آن شاه را

شورِ جهان در دلِ او پا گرفت
رفت و خبر زان بت رعنا گرفت

گفت منوچهر مرا آرزوست
زانکه رُخِ مهر فروزان از اوست

ماه ندارد رخ زیبای او
سرو ندارد قدِ رعنای او

زهره در افتاده به دامش اسیر
آمده از تختِ خدائی به زیر

تا که زند بوسه به لب‌های او
دیده بدوزد به سراپای او

داد یکی پاسخ دلداده را
دلشدهٔ صبر ز کف داده را

گر شوی از خیمه کمی دورتر
بگذری از دامنهٔ آن کمر

گمشده‌ی خویش بدست آوری
دامِ گریزنده به شست آوری

زهره شتابان به همان سوی رفت
از پیِ آن قامتِ دلجوی رفت

با تنِ تبدار بدانجا دوید
دید ولی آن یلِ رعنا ندید

او که یلی بود به گاهِ شکار
آیتی از قدرتِ پروردگار

دیده فرو بسته به دنیا چرا؟
خفته در این گوشهٔ تنها چرا؟

رفت و نظر بر رُخِ دلـدار کرد
بارِ دگر عشـقِ خود اظهـار کرد

گفت منـم آلـهـهٔ دلـبـری
کرده‌ام از عـشـق کسـان دل‌بَری

لیک تـرا راحـتِ جـان یافتـم
خوبترین در دو جهـان یافتـم

لعلِ لبانت ز چه بی‌رنگ شد؟
قالب تن از چه به جان تنگ شد؟

کیست که این مایه ستم کرده است
جمله جهـان خانهٔ غم کرده است

وای کـه صیدت شده صیّاد تـو
بـاز ستـانـم ز فـلـک دادِ تـو

خون به کف آورد و به گیسو کشید
مـویه همی کـرد و بسی مـو کشید

عشق و غم اینگونه فراهم شدند
آفتِ آرامشِ عالم شدند
زهره به گردونه‌ای از نور شد
رفت به گردون و بسی دور شد
خونِ منوچهر بهرجا چکید
لاله‌ی خونین دل از آن بر دمید
عشق از آن روز جگرسوز شد
عاشقِ بیچاره سیه‌روز شد
زهره به دل عشق منوچهر داشت
مهر بدان خوبتر از مهر داشت
لیک نشد با همه افسونگری
دل بَرَد از ماه جبین افسری
آلههٔ عشق چو ناکام شد
روز به دلداده سیه‌فام شد

## ساقی‌نامه

بیا ساقی آتش به جانم بزن
ز جان آتش اندر زبانم بزن

که سوزم جهان را همه سر بسر
بسازم از آن پس جهانی دگر

بیا ساقی از مهر دستم بگیر
که دل گشته دردام عشقت اسیر

بیا ساقی ای جانِ شیرینِ من
بیا مهرِ تو کیش و آئینِ من

به کوی خرابات راهم بده
به جامی از آن باده جامم بده

چنانم بسوزان به یک قطره آب
که از ذره‌ام بر شود آفتاب

من ای ساقی آن مستِ دیوانه‌ام
که سرگشته در راهِ میخانه‌ام

بیا ساقی از دستِ دل خسته‌ام
ز دنیا به مهرِ تو دل بسته‌ام

## سازِ افسونگر

ای سازِ افسونگر بزن افسون به جانم می‌کنی
خوش رخنه در اندیشه و سوزِ نهانم می‌کنی

هر زخمه‌ات یادآور افسانه‌ای از عمرِ من
بس شور بر پا کرده‌ای شیرین زبانم می‌کنی

هر رشته‌ات با جانِ من سر می‌دهد نوعی سخن
با این همه افسردگی خوش شادمانم می‌کنی

آوایِ هر زیر و بمی دل را به سوئی می‌کشد
گاهی پریشان خاطر و گه نغمه‌خوانم می‌کنی

تا آسمان پر می‌کشم از دولتِ پرهای تو
از کهکشان بر می‌شوم هر جا روانم می‌کنی

مست از میِ نابم کنون دریای بی‌تابم کنون
من پیرم از جورِ زمان از نو جوانم می‌کنی

از برگِ گل نازک‌تری از هر چه گویم برتری
ای سازِ افسونگر بزن افسون به جانم می‌کنی

## ساغرِ دل

دلم گرید به حالِ من شب و روز
ندارم بیش از این تابِ تب و سوز

کسی آگه ز حالِ زارِ من نیست
پرستارِ دلِ بیمارِ من نیست

ز سوزِ آهِ من سوزد جهانی
فروزان آتشی دارم نهانی

ز هجران ساغرِ دل داغدار است
دلی کو داغدار است بی‌قرار است

زیادِ مهربان یارانِ جانی
دوباره باز می‌گردد جوانی

شرابی بود و شوری بود و حالی
نبود از بهرِ غم خوردن مجالی

کنون ما را دگر شوری نباشد
غمی بیش از غمِ دوری نباشد

الهی روز هجران تار گردد
به کوی باده‌نوشان خوار گردد

# سـاقیِ مجلـس

ساقیِ مجلس کجاست؟ شرابِ نابم چه شد؟
در شـبِ تاریکِ غـم نـورِ شـهابـم چه شد؟

بـا همـه فـرزانـگی خسـتـه‌ام از زنـدگی
سـوختم از تشنگی اشکِ سحابم چه شد؟

خـام بُـدم سـوختـم عـاشـقـی آمـوخـتـم
با همـه دلـدادگـی شـورِ شـبـابم چـه شد؟

آهِ شـرربـار کـو؟ گـرمـیِ بـازار کـو؟
بـا هـمه پـوینـدگـی راهِ صـوابـم چـه شـد؟

دیـده گهـربار نیسـت گـرمیِ گفتـار نیست
با هـمه شـوریدگـی کهـنه کتـابم چـه شد؟

ساقیِ مجلس کجاست، شرابِ نابـم چه شد؟
تا رَهَم از دستِ غم چـنگ و رُبابم چه شد؟

## ساقی‌نامه

بده ساقی آن می که شادم کند
جوانی دگر باره یادم کند

از آن می که آتش بجان افکند
به غمخانهٔ دل فغان افکند

بده ساقی آن آبِ گلرنگ را
که بر شوید از ما همه ننگ را

از آن می که آتش از او نور یافت
از آن می که آرش از آن شور یافت

از آن می که خورشید نوشیده است
به خُمخانه صد بار جوشیده است

بده ساقی آن بالِ پرواز را
گُشایندهٔ راهِ هر راز را

که ما شورِ پرواز داریم و بس
دلی خسته دمساز داریم و بس

رهِ بی‌نیازی گرفتیم ما
جهان را به بازی گرفتیم ما

بده ساقی آن می که تاب آورد
به پیری نشاطِ شباب آورد

به غمخانهٔ دل نماند غمی
ز دریایِ اشکم نماند نمی

## سرّ سویدا

آنرا که به دل پرتوی از نورِ خدا نیست
صد شعله بجان دارد اگر کامروا نیست

سرتاسرِ عالم سخن از سّرِ سُویداست
هر جا نگری نقشِ رُخ یار هویداست

با اینهمه در کارِجهان نیست صفائی
از آتشِ بیداد دمی نیست رهائی

هر گوشه‌ی گیتی به نوائی شده پابند
جنگیدنِ هفتاد و دو ملّت هله تا چند

این غافله تا کی کند آهنگِ تباهی
تا چند سپیدی شده درچنگِ سیاهی

تا برخورد از باغِ جهان عالی و دانی
سعدی سخنی نیک سروده است جهانی

«بنی آدم اعضای یکدیگرند
که در آفرینش ز یک گوهرند»

## سرنوشتِ مرگبار

روزگاری برگ و باری داشتیم
آفتابِ بی‌غُباری داشتیم

بی‌خبر از گردشِ لیل و نهار
شور و حالِ پُر شراری داشتیم

خاطری آسوده از جورِ فلک
پایگاهِ استواری داشتیم

در میانِ سرزمین‌هایِ دگر
سرزمینِ مُشکباری داشتیم

از محبّت خارهایِ گل شده
پُر شکوفه نو بهاری داشتیم

هر کجا از شوکتِ پیشینیان
یادگارِ ماندگاری داشتیم

گِرد بادی هستیِ ما را ربود
سرنوشتِ مرگباری داشتیم

# سفر به ایران پس از ۱۶ سال

ز شوقِ دیدنِ یاران چه بی‌قرار منم
خزان رسیدهٔ پیگیرِ نو بهار منم
دمی که فصلِ بهار است و دوستان به کنار
رهینِ رحمتِ شایانِ کردگار منم
بسی ز عمر به غربت گذشت و دلتنگی
کنون ز دولتِ دیدار پُر شرار منم
اگر بهشتِ برین باشد آن دیارِ غریب
گمان مبر که خریدارِ آن دیار منم
به ذرّه ذرّهِ خاک وطن دل‌آویزم
اگر چه دَر به دَر از دست روزگار منم
بدین امید که هجران به سر رسد روزی
خزان رسیدهٔ پیگیر نو بهار منم

## سفرِ دل

دل بارِ دگر ز من سفر کرد
از دشت و دمن دمی گذر کرد

هم باده ز دست باد نوشید
هم گونهٔ گل زیاد بوسید

پیمانه گرفت و بر زمین زد
صد بوسهٔ مهر بر جبین زد

مستانه بر اوج آسمان شد
سرگشته به بحرِ بیکران شد

پایانِ سفر نبود پیدا
آواره دلی که بود شیدا

می‌رفت و خیالِ دیگری داشت
دل بود و هوایِ دلبری داشت

پویندهٔ بی پناهِ این راه
از جورِ زمانه بود آگاه

کاین چرخ به کس وفا ندارد
کاری بجز از جفا ندارد

## سوزِ درون

من آن شمعم که اشکم آتشین است
من آن سازم که سوزم دلنشین است

من آن آهم که سوزد سینه‌ام را
من آن صیدم که تیرم درکمین است

من آن مرغم که بالی خسته دارم
من آن دردم که درمانم ثمین است

من آن موجم که خا موش از خروشم
من آن چنگم که آوایم حزین است

هزاران قصّهٔ ناگفته دارم
دلِ افسرده‌ام با غم قرین است

به باغ آرزو صد غنچه خشکید
درونِ سینه گویِ آتشین است

من آن تنهایِ دور از همنشین‌ام
دلی آزرده و خلوت‌نشین است

## سوگند

الهی به خورشید و ماهت قسم
به گردونِ گم کرده راهت قسم

به شب‌هایِ یلدایِ دلدادگان
به آزاده درویش و شاهت قسم

به دل‌هایِ پاکانِ بی‌آرزو
به جمعِ پریشان سپاهت قسم

به آهِ یتیمانِ بی‌خانمان
به خلوتگهِ بارگاهت قسم

به پیرانِ آزرده از روزگار
به زرد و سپید و سیاهت قسم

که زاهد نمایانِ مردم گزا
ندارند باور ز روز جزا

## سیر از ایّام

خدایا باده در جامم تو کردی
گرفتی نام و بد نامم تو کردی

به جامی باده عقل از من ربودی
اسیرِ رفته در دامم تو کردی

رموز عشق را بر من گشودی
بدین دیوانگی رامم تو کردی

به بالم قدرتِ پرواز دادی
رها از بند اوهامم تو کردی

به تیرِ غمزه دین از من ربودی
شرابِ کفر در کامم تو کردی

به شعرم صد هزاران شور دادی
پریشان بودم آرامم تو کردی

خدایا دردِ هجران را دوا کن
که دانی سیر از ایّامم تو کردی

## شب‌های مرگبار تهران!

هـــزاران قصّــه دارم مـن ز شب‌هـای پریشـانی
دمی سرمست و دست‌افشان گهی زانو به پیشانی

چو خلـوت می‌کنم با دل سرشک از دیده می‌بارم
بـه یـاد آیـد مـرا آنـدم کـه آتـش بـود و ویـرانی

چه دردآلود شب‌هـائی که دل در سـینه می‌لـرزید
دمادم آسـمانِ تیـره بـود از تیــر نــورانی

شبِ تاریک و نی پیـدا نشـانی از سحرگـاهی
به ساغر باده بـود امّـا به دل ترس از نگهبـانی

نـه آوائــی کـه بنــوازد دلِ زارِ گـرفتــاری
نـه فریـادی که بـرخیـزد ز نائی از پشـیمانی

نگــاهی بود اگر گــاهی به سویِ آسمـان راهـی
ز سـوی مردمی عاصـی ز دستِ این مسلمانی

اگر در دل غمــی دارم ز هـجـر خانمان‌سوزی
هـــزاران قصّـه دارم مـن ز شب‌هـای پریشـانی

## شبی در منزلِ تیمسار دژبان هنرمند ارجمند

(در و دیوار هم مزیّن به نقاشی‌های خیره کنندهٔ تیمسار دژبان بود)

یک جهان شور در این پنجه نهانست امشب
سُخنِ عشق به هر پرده عیانست امشب
گوئی از بزمِ فلک زهره به زیر آمده است
کاینچنین ساز به فریاد و فغانست امشب
بسکه از هر در و دیوار هنر می‌بارد
چشمِ ناهید بدینجا نگرانست امشب
آسمان بارِ امانت نتوانست کشید
خبری هست که با بی‌خبرانست امشب
نغمه‌ای کز دلِ این ساز برون می‌آید
برقِ عشقی است که برخرمنِ جانست امشب
گرچه جانسوز نوائیست به هر زخمهٔ ساز
اشک شوقیست که از دیده روانست امشب
مستِ میخانهٔ عشقیم چه حاجت به شراب
محفل جامعِ ما رشک جنانست امشب
سازِ دژبان سخن از رازِ نهان می‌گوید
این سخن از دل و جان وردِ زبانست امشب

## شِکوه از جهان

باز خزانست و دلم بی‌قرار بی‌خبر از گردش لیل و نهار
کاش خزان این همه زیبا نبود صبر و قرار از دلِ رسوا ربود
ز آتشِ می شعله به هرجا گرفت تا که خزان بارِ دگر پا گرفت
برگِ درختان شده رنگِ شراب عارف و عامی شده مست و خراب
ساغر زرّین به زمین ریخته خاک و گهر را بهم آمیخته
خرمنی از برگ به هر سو روان گاه به آرامی و گاهی دوان
دیده و دل غرقِ تمنّا شده فارغ از اندیشهٔ فردا شده
رقص‌کنان برگ کجا می‌رود؟ گاه به سر گاه به پا می‌رود
هیچ ندارد خبر از جورِ باد باز خزانست و شده دورِ باد
مست و غزل‌خوان رسد از راهِ دور تا که برد اینهمه زر را به زور
وای بر احوالِ دلِ زارِ من زارتر از دل شده افکارِ من
کارِ جهان جمله فنا کردن است روز و شبان فتنه به پا کردنست
دلخوشی از کهنه جهان دور باد شمعِ وجودش همه بی نور باد
ماه نتابد به شبِ تار او مهر نباشد پس از این یارِ او
تلخ‌تر از زهر شود کامِ وی از میِ گلرنگ تُهی جامِ وی

# شگفت؟!

شگفتا من به غربت شـادم امروز
تو گوئی رفـتـه غـم از یادم امروز
به سـاغر آتشـی دارم شب‌افروز
کـزان آتـش ز غـم آزادم امروز
هـزاران یـادِ خـوش از رفتهٔ دور
رهـانـد از کـفِ صـیّـادم امـروز
بـه دشـتِ بـی‌گـیـاهِ زنـدگـانـی
درخشـان آفـتـابـی، بـادم امـروز
نـدانم چـون به دور از مهـربـانان
سـرودِ سرخوشی سر دادم امروز
بـه امّـیـدی کـه کـام دل بـر آیـد
بـه بـالِ خسـته‌ام پـر دادم امـروز
به گـردِ کـوچـه‌هـای خـاطـراتـم
پریشان‌خـاطـری دلشـادم امروز
شگفتا من به غربت شـادم امروز
تـو گـوئی رفته غـم از یـادم امروز

## شمعِ جان

باده در خُمخانه می‌جوشد ولی پیمانه نیست
هر که دست از عقل شوید لاجرم دیوانه نیست

عاقلان را در حریمِ می‌گساران بار نیست
محفلِ دیوانگان را راه بر بیگانه نیست

نقشِ ناهم‌رنگ را از سینه بایستی ستُرد
تا دلی صافی نباشد درخورِ جانانه نیست

زاهد از فرزانگی سر می‌دهد هر دم سخن
هر که شورِ عشق دارد بی‌گمان فرزانه نیست

سیلِ اشک از دیده می‌بارد چو ابرِ نو بهار
سیل اگر دریا نگردد نامی از دُردانه نیست

آســمان را کارِ بدنامی بسی بالا گرفت
چرخِ گردون را دگر آن گردشِ مستانه نیست

باده در خمخانه می‌جوشد ولی پیمانه نیست
شمعِ جان می‌سوزد امّا گرد او پروانه نیست

### شور و شیدائی

نرم‌نرمک شراب نوشیدم
دیده بر روی خواب پوشیدم

خلوتی بود با خیال مرا
دولتی بود بی‌مثال مرا

بی‌خبر از شرابِ ناب شدم
ذرّه‌ای بودم آفتاب شدم

در نور دیدم آسمان‌ها را
پیچ در پیچ کهکشان‌ها را

بس نشان‌ها ز بی‌نشان دیدم
آنچه در وهم ناید آن دیدم

گردشی بی‌امان و شورانگیز
مستیِ عشق و جام‌ها لبریز

کم‌کمک مستیِ شراب پرید
اشکی از دیده بر کتاب چکید

قطره‌ای اشک بود و دریا شد
شور عشقی دوباره بر پا شد

آتش از جانِ من زبانه گرفت
شُعله‌ور شد بر آشیانه گرفت

باز اندیشه تا ثریّا رفت
تن رها کرد و سوی بالا رفت

## شوریده سر

سـرگشــته دلـی دارم دیــوانهٔ دلـبنــدی
شـوریده سـری دارم دل کنـده ز هـر پنـدی

دور از رُخ جـانـانـه حـالیست تمـاشــائی
در دیـدهٔ جان اشـکی آغشـته بـه لبخـندی

در کارِ جنون اکنون کس نیست چو من شیدا
در عــالـم شــیدائـی آزاد ز هـر بـنــدی

تا دل به رهـش دادم از خویش تهـی گشـتم
دیــوانه کجـا دارد انـدیشــهٔ پیـونـدی

من راهــیِ دریــایم از مــوج چه پـروائی
شــورِ دگـری دارد غمـدیـدهٔ خـرسـندی

مســتِ مـیِ دیـدارم هُـشـیـار نـمـی‌گـردم
سـرگشـته دلــی دارم دیــوانهٔ دلـبـنــدی

تــا چـنـد دهــی پـنـدم ای زاهـدِ فــرزانـه
شـوریده سـری دارم دل‌کـنـده ز هـر پنـدی

## شهر و دیار

هوای خانه در سر دارم امشب
دلی دیوانه در بر دارم امشب

خوشا با همزبانان همنشینی
ز باغ مهربانان خوشه‌چینی

به شادی دست یاران را فشردن
غُبار غم ز جسم و جان ستردن

جدا از همزبانان چون ننالم
قفس تنگ است و من بشکسته بالم

چو مرغی پر گشاید شاد باشد
به دور از فتنهٔ صیّاد باشد

به دل دارم هوای پر گشودن
غم دیرینه را از دل زدودن

بسی دورم من از شهر و دیارم
از این پس تابِ مهجوری ندارم

ز خورشید ار جدا گردد شراری
کجا دارد توان پایداری

## شیخ و آینه

زاهدی رفت به خلوتگهِ خویش
نظر انداخت به عمّامه و ریش

زیرِ لب گفت منم یا دگری
که در آئینه کند جلوه‌گری

ظاهر آراسته با رنگ و ریا
که زند تکیه بر اورنگِ خدا

هر دم از نو سخنی ساز کند
نو به نو فتنه‌ای آغاز کند

که من از سویِ خدا آمده‌ام
بهرِ ارشادِ شما آمده‌ام

برترین بنده‌ی درگاه منم
صاحب خیمه و خرگاه منم

کس نباشد به جهان تالیِ من
تالیِ مرتبهٔ عالیِ من

مردمان گمره و من راهبرم
من ز اسرار خدا با خبرم

زاهد از خشم بر آئینه پرید
خرقهٔ شیخکِ دیوانه درید

## شیخ

شیخکی عمّامه از سر بر گرفت
چند گاهی دوری از منبر گرفت

پا کشید از دیر و بر میخانه شد
کامِ دل از ساقی و ساغر گرفت

چونکه مست از بادهٔ انگور شد
حاجبِ میخانه را رهبر گرفت

او که روزی زاهدی ستّار بود
حالیا می از کفِ کافر گرفت

جامه‌ی تزویر را تطهیر کرد
دادِ دل از مسجد و منبر گرفت

# صدایِ خسته دل

دلی که خسته شد دگر ترانه سر نمی‌دهد
بر آتشِ درون دگر سرشکِ تر نمی‌دهد

به اوجِ آسمان دگر ز خود سفر نمی‌کند
ز کوچه باغ رفته‌ها دگر گذر نمی‌کند

خزانِ چهره را دگر به می صفا نمی‌دهد
به دردِ بی‌دوایِ خود دگر شفا نمی‌دهد

صدایِ خسته دل مرا دمی رها نمی‌کند
که این جهانِ پُر جفا به کس وفا نمی‌کند

کسی ز شهرِ ما به ما دگر خبر نمی‌دهد
فغانِ بی‌امانِ ما دگر ثمر نمی‌دهد

به کامِ تشنه‌ام دگر یَمی اثر نمی‌کند
به کوره راهِ عمر من کسی نظر نمی‌کند

دلی که خسته شد دگر ترانه سر نمی‌دهد
بر آتشِ درون دگر سرشکِ تر نمی‌دهد

### صیّاد

بهار آمد بسی دلشادم امروز
ز بندِ هر چه غم آزادم امروز

هوا از عطرِ گل سیراب گشته
جهان شیرین و من فرهادم امروز

عنانِ کارِ من در دستِ دل بود
دلِ من صید و من صیّادم امروز

چرا سرمست و بی‌پروا نباشم
نه خاموشم که من فریادم امروز

جوانی نو بهارِ پُر گلی بود
به یاد آمد مرا صد یادم امروز

ز بس پر شورم از صد یادِ دیروز
ندایِ خوشدلی سر دادم امروز

به هر جا بنگری باغِ جنانست
منِ افسرده دل زان شادم امروز

## طلیعه‌ی بهار

باغ دگر بار فریبا شده
زین همه گل راغ چه زیبا شده

بلبل خوش‌لهجه به شور آمده
وین دلِ دیوانه چه رسوا شده

گر چه ندارم سرِ سودای دوست
باز دلم غرقِ تمنّا شده

بسکه به هر شاخه گل آویخته
کار ز دستِ دلِ شیدا شده

خرمنی از گل به بر و دوش باد
نغمهٔ شادی به ثریّا شده

این سرِ شوریده به شور آمده
بسکه جهان شوخ و دل‌آرا شده

باده بنوشید به آوایِ دف
باغ دگر بار فریبا شده

## طوطیِ گویا

ای جانِ شیرینم بیا چون جان در آغوشت کشم
از جان و دل دستی بر آن رعنا بر و دوشت کشم

از خنده‌ی شیرین تو صد شور بر پا می‌شود
در خانه‌ی خاموشِ دل بنگر چه غوغا می‌شود

هر دم که غم رو آورد یادِ تو شادم می‌کند
نازم به جان یادِ ترا کاین سان وِدادم می‌کند

با یک جهان شور و شعف (بابی) صدایم می‌کنی
با آنکه ناشادم همی از غم رهایم می‌کنی

من شادم از دیدارِ تو ای ماهِ روشن رویِ من
سر می‌نهم در راهِ تو ای غنچهٔ گیسویِ من

ای طوطیِ گویایِ من، برتر ز ایمانِ منی
آرامشِ جانِ منی، بر دیده مهمانِ منی

مهرت به جانم جا گرفت ای هدیهٔ جانِ جهان
تا با منی من زنده‌ام دیگر مرو با من بمان

---

گیسو، دخترم و آرمان نوه‌ام

## عشقِ وطن

بازبهار است و دلم بی‌قرار
باز در اندیشه‌ی شهر و دیار

خاطره‌ها بار دگر پا گرفت
صبر و شکیب از دلِ شیدا گرفت

کاش مرا نیروی پرواز بود
بال و پرِ بسته‌ی من باز بود

این همه گل نیست مرا دلنشین
گل چه کند با دلِ بی‌همنشین

سبزهٔ نو رُستهٔ خودرو کجاست
نرگس خوشبوی سخن‌گو کجاست؟

دامن صحرا و لبِ جویبار
بی‌خبر از گردش لیل و نهار

صحبت یاران و صفای سخن
گرمتر از باده به صهبای من

تا به فلک بر شده فریادِ من
عشق وطن کی شود از یاد من

## غمِ هجران

وای به حالِ دل تنهای من
ماندە تُهی ساغر و صهبایِ من

آتشِ می نیست به جامم دگر
تیره چو بختم شده شب‌هایِ من

نیست به سر میلِ سرودن مرا
بسته بسی سلسله بر پایِ من

شور جهان در سرِ شوریده بود
گوش فلک بود به فتوایِ من

رفته ز سر آن همه شوریدگی
نیست کسی را سر سودای من

بسکه جفا دیده‌ام از روزگار
تا به ثریّا شده غوغای من

از غم هجران شده تابم ز کف
وای به حالِ دل تنهای من

## فـراق

به هـوایِ دیـدن تـو شـب و روز بـی‌قرارم
ز فراقت ای نگارا چو خـزانِ بـی‌بهـارم

همـه بـا خیـالِ رویت گـذرد دقـایقِ مـن
چه شود اگر که روزی به سـر آید انتظـارم

به امیدِ آنکه روزی گذرم فُتـد به کویت
ز شـرارِ آتـشِ دل شـده اشک و آه کـارم

اگــر از دَرم درآئـی شَـودم غــم جـدائی
که بجز وصالِ رویت هــوسِ دگر ندارم

منم آن شکسته سازی که ز سوزِ دل بنالم
منــم آن رمیـده دامی که هـوایِ دام دارم

## کعبهٔ مقصود

بادە می‌نوشیم و ما را این گنه انکار نیست
فاش می‌گوئیم ما را خوشتر از این کار نیست

ما سیه مستی به عقلِ خویشتن بیگانه‌ایم
نزدِ ما دلدادگان دیوانگی را عار نیست

نُه فلک را درنَوردیدیم و دیدیم عاقبت
تا فراسوی فلک یک ذرّه‌ی بیکار نیست

تار و پودِ جانِ ما را شعلهٔ فریاد سوخت
تا نسوزد هستیِ دل جلوه‌ای زان یار نیست

مهرِ تابان ذرّه‌ای از آتشِ سوزانِ ما است
این سرِ شوریده‌ی ما لحظه‌ای هُشیار نیست

حاصلِ اندیشه غیر از خودپرستی هیچ نیست
آن سری نازم که او را حاجتِ دستار نیست

آسمان را شورِ عشقی بی‌گمان بنیاد کرد
چون که عشق آمد پدیدِ آسمان دُشوار نیست

گر که نقشِ خودپرستی را بشوئی از درون
ره به سویِ کعبه‌ی مقصود ناهموار نیست

# کویِ خرابات

خدایا مرا باده در جام نیست
به کویِ خراباتیان نام نیست

به کویِ خرابات نامم بده
میِ صافِ روشن به جامم بده

مرا باده‌ای ده که شور افکند
به کوی خرابات نور افکند

خراباتیان مست ودیوانه‌اند
به شمعِ رخ دوست پروانه‌اند

به میخانه مستان صفا کرده‌اند
صفا در کنارِ خدا کرده‌اند

خدایا به میخانه را هم بده
بسوزان و سوزنده آهم بده

به شب‌های تارم نتابد قمر
شبِ تارِ ما را نباشد سحر

به میخانه خورشید پر می‌کشد
به دل‌هایِ تاریک سر می‌کشد

بده ساقی آن آتشِ ناب را
دوایِ دلِ مستِ بی‌تاب را

## گذر عمر

درختـان را دگر برگ و بری نیست
زمستان است و گاهِ دلبری نیست

بهاران گل به سر دارند و سرمست
خزان زرّینه‌پوش و جـام در دست

گهی چون نو عروسان شاد مانند
فریبـا پیکرند و گل فشانند

نسیـمی گر وزد بر شاخساری
به دامن می‌برد عطرِ بهـاری

به هنگامِ خزان مست از شراب‌اند
بسی زیباتر از عهد شباب‌اند

دریغـا عمـرِ بس کـوتاه دارند
غمی پنـهان و بس جانکاه دارند

بـه آسانـی جـوانی داده بـر باد
کنون فرسوده جان از جور صیّاد

به یـاد آمـد مـرا آن روزگـاران
که جـام باده بـود و جمـع یـاران

کـنـون دور از دیار و خسته جانم
پریشان خاطری بی‌خانمانم

## گردشِ والایِ دل

بـاز دل دیـوانــگـی از سـرگـرفت
بی مهــابا سـوی جانـان پَر گـرفت

عـقـلِ دوراندیـش را بـرجـا نهـاد
عشـقِ کافـر کیش را رهـبر گـرفت

ذرّه شـد بـر آسـمـان‌ها پَـر کشـید
شعـله شـد بـر دامنِ دلـبـر گـرفت

شـور شد، هنگـامه شـد، فـریاد شد
وه چه شـیرین برتر از فـرهـاد شد

پـا کـشـیـد از بسـتـر تـاریـکِ تـن
سوی جانان رفت و تـن از یـاد شد

از مـحبـت آتــشـی افـروخـت دل
و ندر آن آتش سرا پــا سوخـت دل

بال و پر از گـرمـیِ پـرواز سـوخت
هرچه باید زین سـفر آموخـت دل

ای خوشا در کوی جانان سوختن
دیـده بر رخـسـارجانـان دوخـتـن

ای خوشـا پـروازِ بـی پِـر داشــتـن
آتـش انـدر جـان ز جان افـروختن

## مردمانِ پاکدل

بسکه دل می‌طپد قــرارم نیسـت
بـی‌قــراری در اخـتـیـارم نـیـسـت
ای خوش آندم که دل قراری داشت
خوشـتـر از حــال روزگـاری داشـت
نغـمـه‌پـردازِ شـهــرِ یــاران بـود
آسـمـانـش سـتـاره‌بـاران بـود
دگــر آوازِ دلـنــوازی نـیـسـت!
نـغـمـهٔ شـاد و سـوزِسـازی نیست
سخن از هـجـرِ خانمانسوز است
آتـشـین اشـکِ آتش‌افـروز اسـت
سخـن از مـردمـانِ پـاکـدل اسـت
نه سـخـن از هـوا و آب و گـل است

## مرغ طوفان

من مرغِ طوفـانی جُـدا از بحـر مـوّاجـم کنون
از هجر دیرین دوستان سلطانِ بی‌تاجم کنون

در بحـر بی‌پـایان شـدم تا دل بر آسـاید دمـی
در کـام دریـا سـوخـتم نـی بـالِ پـروازم کنون

می‌گریم از دستِ جهان می‌نالم از دردی نهان
با آن همـه پوینـدگی گـم کـرده آمـاجـم کنون

دریایِ موّاجـم چه شـد پرهای پروازم چه شد؟
دور از هزاران یادِ خوش من نغمه‌پردازم کنون

دل بود و شـور زندگـی بـی‌دردِ جانکـاهی مـرا
درمـان نـدارد درد مـن با درد مـی‌سـازم کنون

جـز یـادِ یـارانـم مـرا یـادی دگـر نایـد بـه سـر
دور از دیـار دوسـتان با گـریه دمسـازم کـنـون

مـن مـرغ طـوفـانـم جـدا از آشـیان افـتـاده‌ام
از سیـلِ اشک بی‌امـان دریـایِ مـوّاجـم کنون

## مرغِ غزلخوان

مستِ نگاهت دلِ دیوانه‌ام
با دو جهان غیرِ تو بیگانه‌ام

گر که نداری سرِ آزارِ من
از چه کنی عشوه تو در کارِ من

کارِ من از عشوهٔ تو زار شد
قصّهٔ دل بر سرِ بازار شد

دل شده خواهان و پریشانِ تو
گشته گرفتار به ایوانِ تو

نیست بجز مهرِ تو را مشتری
ای که تو از مهر و ثریّا سری

مست و خراب از میِ جانانه‌ام
در تب و تاب از دلِ دیوانه‌ام

یادِ جوانی شررم می‌زند
روز و شب آتش به پرم می‌زند

برده توان از پرِ پروازِ من
گشته خزان همدم و همرازِ من

با تو دگرباره جوان می‌شوم
مرغِ غزلخوان به خزان می‌شوم

## مرگِ آرزوها

دردا که دل ندارد جُز آهِ پر شراری
از تابِ آتشِ دل کی باشدم قراری

کس را خبر نباشد از آتشِ درونم
آتش درونم امّا از دیده سیل جاری

ترسم که اشک و آهم بر هم زند جهانی
آشفته جان نپوید گامی به بُردباری

دور از دیار تا چند فریاد از این جدائی
روزی به شادمانی آیا بود بهاری؟

هر دم رسد به گوشم آوای خسته جانی
کاین بحرِ بیکران را آیا بود کناری؟

در خلوتِ سکوتم جز دل نه آشنائی
بر مرگِ آرزوها مائیم و سوگواری!

## مرنجان

خدایا آتش اندر جام ما کن
دلی رُسواتر از رسوا عطا کن
چو با درد آشنا کردی دلِ ما
به تیرِ غمزه دردِ ما دوا کن
به نورِ باده جانِ ما بیفروز
به سوزِ هجر ما را آشنا کن
بسوزان دفترِ فرزانگی را
ز خویشِ خویشتن ما را رها کن
اگر خواهی که بنوازی دلِ ما
مرنجان جانِ ما با ما جفا کن
پریشان‌خاطرِ گم کرده راهیم
گره در کارِ ما افتاده وا کن
به پایت سرفکندم با دل و جان
پشیمانم مکن جان را رها کن

## مستان همه رفتند!

مستان همه رفتند و دگر نیست امیدی
نی شامِ سیه را اثر از صبح سپیدی

در میکده یک خندهٔ مستانه دگر نیست
از ساغر و از ساقی و پیمانه خبر نیست

از بسکه دل از محنتِ ایّام شکسته است
از مردمِ بیگانه و همگام گسسته است

دیوانه‌ی دل سوختــه آرام ندارد
می‌سوزد و می‌سازد و فرجام ندارد

مردانِ خـدا پــردهٔ پنـدار دریدند
در خلوتِ خود غیر خدا هیچ ندیدند

تا راهِ دل از آن همــه افسانه جدا شد
از دام بـرون آمـد و از دانـه رهـا شد

## معراجِ دل

هر شب ز بامِ خانه‌ام دودی به بالا می‌رود
امشب دلِ دیوانه‌ام بر عرش اعلا می‌رود

او سوی جانان می‌رود آرام و آسان می‌رود
خود را رهانیده ز تن بی‌دست و بی‌پا می‌رود

ویران نموده خانه را بر هم زده کاشانه را
برتر ز ماه و مشتری به به چه زیبا می‌رود

از خویش رانده عقل را بیهوده خوانده نقل را
با گردشِ مستانه‌اش هر لحظه بالا می‌رود

بر کوی جانان می‌رسد خندان و شادان می‌رسد
در می‌زند سر می‌زند پائین و بالا می‌رود

## موجِ نادان

موجی از دامانِ دریا پا گرفت
زاده‌ی دریا سری بالا گرفت

دیده بر پهنای دریا باز کرد
عشوه‌ها سر داد و ناز آغاز کرد

این منم برتر ز دریا آمدم
نیست بودم تا ثریّا آمدم

شوکتِ دریای بی‌سامان منم
قدرتِ پایایِ بی‌پایان منم

آسمان می‌لرزد از آوای من
بیکران دریا به زیر پایِ من

چون به ساحل رو کنم غوغا کنم
هر چه یابم طعمهٔ دریا کنم

زین نَمَط می‌گفت و خود را می‌ستود
ریشه باید خود ستودن را چه سود

عمرِ طوفان چند گاهی بود شد
موج نادان همچو کاهی دود شد

## میِ دیدار

به یاد آید مرا ایّامِ دیرین
که خرّم روزگاری بود شیرین

به نوشا نوش با هم می‌نشستیم
ز شادی پیکرِ غم می‌شکستیم

چنان مست از میِ دیدار بودیم
که شب‌ها تا سحر بیدار بودیم

به جامِ می صفایِ دیگری بود
خُدایِ ما خدایِ برتری بود

کسی از دردِ هجران دم نمی‌زد
روالِ زندگی بر هم نمی‌زد

هوایِ شهر ما رنگِ دگر داشت
نهالِ مهربانی‌ها ثمر داشت

شرابی بود و شیرین روزگاری
دلِ بی‌تابِ ما را کو قراری

بهار آمد بیا پرواز گیریم
بهارِ زندگی را باز گیریم

بیا با یکدگر دمساز گردیم
نوایِ گرمِ یک آواز گردیم

به جانِ هجر آتش برفروزیم
در آن آتش همه غم را بسوزیم

## میخانه

خدایا عالمی دیوانه‌ی تست
مرا سر مستی از میخانه‌ی تست
اگر می‌سوزم از هجرت عجب نیست
که جانِ خسته‌ام پروانه‌ی تست
اگر می‌گریم از دردِ جدائی
دلِ دیوانه‌ام دیوانه‌ی تست
اگر آوایِ سازم سینه‌سوز است
به یادِ جلوه‌ی جانانه‌ی تست
اگر روزم سیه چون شامِ تار است
سیاهِ نرگس مستانه‌ی تست
به جامم آتشین آبی اگر هست
شراب وحدت از خمخانه‌ی تست
اگر کارِ جهان از بُن خرابست
خرابِ بادهٔ میخانه‌ی تست

## نازِ غنچه

بهار گر چه دل‌انگیز و باغ گلریز است
به نازِ غُنچه چه حاجت ترا که پائیز است

کنون که برگِ درختان هزار و یک رنگ است
جهانِ پیر بنازم که شادی‌انگیز است

بنوش بادهٔ رنگین ز دستِ ساقیِ گلرو
بگیر ساغرِ زرّین نه وقتِ پرهیز است

غنوده گوهرِ باران به روی برگِ خزان
نگر که بادِ خزان از ترانه لبریز است

بهارِ عمر به خامی گذشت و سبزه نماند
به نازِ غُنچه چه حاجت ترا که پائیز است

## نازک خیالی

دلم تنگ است و طاقت بیش از این نیست
من آن مرغم که جایم در زمین نیست

قفس تنگ است و بالِ من شکسته
دلِ افسرده با شادی قرین نیست

جوانی بود و صد شورِ نهانی
به پیری آدمی شورآفرین نیست

بهاران را هزاران خواستارست
خزانِ زندگی دردا چنین نیست

شرارِ ما پرِ پروانه می‌سوخت
کنون ما را کلامی آتشین نیست

دریغا با همه نازک خیالی
به گردِ خرمنِ ما خوشه‌چین نیست

## نبیند کس بهارِ جاودانی

هـوایِ دلکـشِ صـبحِ بهـار است
هَزاران نغمه‌خوان بر شاخسار است

عـروسِ گـل به بـاغ آمـد خـرامـان
دَمَـن را صـد هـزاران گل به دامـان

ز هر سو چشمه‌ساری گشته جاری
بـه دسـت رهـروان دسـتِ نـگـاری

زمـانی خـوشـتـر از ایّـامِ پـاریـن
زمینـی از گـل و ریحـان نـگـارین

کـنـون غـم در دلِ مـن جـا نـدارد
دل از دیـوانــگـی پــروا نـدارد

مـن آن دیـوانـۀ بـی‌بـرگ و بـارم
بـه کـارِ این جهـان کـاری نـدارم

مـن آن دیوانـۀ مـسـت مُدامـم
رهـایم، بسته‌ام، مستم، کُدامـم؟!

بـه گـوش آیـد مـرا هـر دَم نـدائـی
نــدایِ دلـنـشـیـنِ آشــنـائـی

بـه بحــرِ بیـکـرانِ زنـدگـانـی
نـبـیـنـد کـس بـهــارِ جـاودانـی!

## نرگسِ جادو

دلبرِ شیرین من شور به پا کرده است
گیسوی پر تاب را باز رها کرده است

هیچ ندارد خبر از دلِ بیمارِ من
با دلِ بیمارِ من باز جفا کرده است

طارم ابروی او برده توانِ مرا
ناوکِ دل دوزِ او باز چها کرده است

نرگسِ جادویِ او فتنهٔ جانم شده
این دلِ آرام را سر بهوا کرده است

سوخته جان مرا باز شرر می‌زند
کاش بداند که خون در دلِ ما کرده است

شمع رخ افروخته تا که بسوزد مرا
گر که بسوزد مرا درد دوا کرده است

غم همه از یاد شد، غمزه‌ای شاد شد
آن مَهِ شیرین ادا شور به پا کرده است

## نقدِ جوانی

غروب است و دلم دریایِ درد است
خزانِ چهرهٔ من زردِ زرد است

جوانی رفت و تنهایم رها کرد
رفیقِ نیمه ره دیدی چها کرد

هزاران قصّه با هم گفته بودیم
گهی آرام و گه آشفته بودیم

به گردِ کوه و دریا می‌دویدیم
به یک دم تا ثریّا می‌رسیدیم

دلِ افسرده‌ام دیگر جوان نیست
پرِ اندیشه را دیگر توان نیست

به جامِ می نمی‌بینم صفائی
بسی افسرده‌ام از بی وفائی

جوانی شصت سالی یار من بود
انیس و مونس و غمخوارِ من بود

دریغا رفت و روی از من نهان کرد
چو او یاری کجا پیدا توان کرد

از این پس یار دلجوئی ندارم
دلی در بندِ گیسوئی ندارم

اگر می‌نالم از دست جهان است
که این رهزن چسان نامهربان است

به یغما می‌برد نقدِ جوانی
بهایِ سال‌هایِ زندگانی!

## نقشِ جانان

بـر آسـمـانِ آرزو خورشـیدِ رخـشـان دیـده‌ام
در خلـوتِ دلـدادگان مـاه بـدخشـان دیـده‌ام

هــر ذرّه سـرگـردانِ او دلـبـسـتـهٔ پـیـمـانِ او
خورشید و مه را روز و شب آئینه‌گردان دیـده‌ام

تا عقـلِ دوراندیش را از خـانـه بـیـرون دیـده‌ام
بس سـالکانِ راه را سـر در گـریبـان دیـده‌ام

تـا در حـریـمِ کـوی او آواره‌ای شـیـدا شـوم
صد گنجِ قارون را نهان در کُنج ویران دیـده‌ام

در وادیِ سـرگشـتگی تنـهـایِ تنـهـا مـانـده‌ام
پیـرانِ ره گُـم کـرده را با چشـمِ گریان دیـده‌ام

تا راهـیِ دریـا شـوم از مـوج کی پـروا کـنـم
دریـــایِ نـاآرام را آرامـــشِ جـــان دیـده‌ام

از آتشِ سـوزانِ دل صد شـعـله خیزد دم به دم
در دیدهٔ جان روز و شب من نقشِ جانان دیـده‌ام

## نقطه‌ِ پرگار

ای شوخِ شیرین‌کارِ من ای مهرِ مه رخسار من
تا چند از من غافلی ای تاج و ای دستار من

هم دل به یغما می‌بری هم فتنه‌ای در کارِ من
سرگشته‌ی کویِ توام ای برتر از پندارِ من

تا دل گرفتارِ تو شد آماج آزار تو شد
تا کی نهانی از نظر ای مهربان دادارِ من

من عاشقِ زارِ توام با جان خریدارِ توام
خود ساغر و صهبا توئی ای نقطۀ پرگارِ من

با دل سخن‌ها گفته‌ام از نرگسِ جادویِ تو
غافل مشو از کارِ من ای گرمیِ گفتارِ من

می‌نوشم از صهبای تو تا مست و بی‌پروا شوم
وانگه بگیرم دامنت ای دولتِ بیدارِ من

با دل هم‌آوازم کنون کان شوخِ شیرین‌کار من
با غمزه‌ی دلدوزِ خود دارد سرِ آزار من

## نگاهِ آشنا

(آرمان در چهار ماهگی نگاهی آشنا داشت)

خنده‌ات نشئهٔ شرابِ من است
چهره‌ات ماه و آفتابِ من است
دیده‌ات رو زنِ اُمیدِ پدر
نغمه‌ات خوشترین رُبابِ من است
هستی‌ات شورِ زندگانیِ من
قصّه‌ات بهترین کتابِ من است
دیده دارد هوایِ دیدنِ تو
دیدنت ساغر شرابِ من است
نگهت آشناست با نگهم
خنده‌ات نشئهٔ شرابِ من است
دیده آئینه‌دارِ خلوت تو
چهره‌ات ماه و آفتابِ من است

## نیرنگِ جهان

روزی از روزهایِ خوبِ خزان
که ندیده است دیده بهتر از آن

آسمان گرمِ گوهرافشانی
شاخه را تاجِ زر به پیشانی

شانه‌ی باد و زلف باران بود
روزِ عیش و نشاطِ یاران بود

شاخه بر خود چو بید می‌لرزید
گوهری گر ز شاخه می‌غلطید

دامنِ کوچه پر ز برگِ خزان
زرِ نایاب اینچنین ارزان؟!

باد بی باده مست بود و خراب
آسمان کم کمک برنگ شراب

ابرِ گوهرفشان ز دیده گریخت
آن‌همه لوءلوء از درختان ریخت

مهرِ نامهربان کمند افکند
ریشهٔ گوهر از زمین برکند

من در اندیشه کاین جهانِ دورنگ
می‌زند تیر آدمی بر سنگ!!

## وایِ من

ای مهرِ عالمتابِ من ای گوهرِ نایابِ من
بازآ تو بر چشمم نشین کز کف برون شد تابِ من

ای روشن از تو شامِ من ای از تو شد آرامِ من
می‌سوزم از هجران تو نی دانه‌ای در دامِ من

ای ماهِ سیمین روی من ای شوخِ مشکین موی من
تا نشکند مینایِ دل جانا نگاهی سویِ من

بارد شرر از جانِ من سوزد همه ایمانِ من
نادیده کس اندر جهان برجاتر از پیمانِ من

خون شد دلِ رسوایِ من رسوای بی پروای من
کس نشنود آوای من ای وایِ من ای وایِ من

شد شوکتِ پروازِ من نی همدلی همرازِ من
تا پر کشم بر آسمان نی بال و پر دمسازِ من

ای ساقی ای آرامِ من کو دارویِ آلامِ من
آبی بزن بر آتشم تا تازه سازد کامِ من

# جفای دل

هر لحظه به دام او شکاری
آزرده از او دلِ فکاری

دل رفت و برون ز کهکشان شد
او راهیِ راهِ بی‌نشان شد

دلداده ز خود خبر ندارد
می‌سوزد و یک شرر ندارد

آنجا که سخن ز عشقِ پاکست
از سوختن اینچنین چه باکست

دل رفت و مرا به خود رها کرد
آزاده دلم به من جفا کرد

من بودم و مهربانیِ دل
بس خاطره از جوانیِ دل

هر جا که سخن ز مشکلی بود
بین دل و دیده همدلی بود

دیدی که چگونه دل جفا کرد
در کنج قفس مرا رها کرد

زین پس من و اشکِ همچو باران
دور از دل و سیل گلعذاران

## هفتم آوریل ۱۹۹۷

بهـار آمد به صـد رنگِ دل‌انگیز
ز نوشین بـاده جام لاله لـبـریز

شکوفه بر شد از هـر بام و هر در
بیاد آمد مرا خـورشـیدِ خـاور

برون می‌شد سحرگاهان به صد ناز
که بگشاید ز خاور بالِ پـرواز

بــه زیـر پـر بـر آرد ســینه‌ها را
برون از سینه سازد کینه‌ها را

به مــژگانِ بـلندش دل ربـاید
به تیرِ غمزه هـر مشکل گشاید

بــه کام مـرد و زن سـازد زمـانه
نمـاند نـامـرادی را نشـانه

بهـار آمد که دل‌ها شـاد گردد
ز غـم‌های جهــان آزاد گردد

شـرابِ ناب و شـور و شادمانی
چـو شـیرین روزهـای نـوجوانی

## همدمی در جگر

(در سال ۲۰۰۲ MRI تومر کبد را نشان داد)

همدمی دارم که هر دم با من است
شُعله‌ای بر خرمنِ جانِ من است

کس ندارد باور ایدون کاینچنین
دشمنی خونخوار مهمانِ من است

می‌زند هر لحظه نیشی بر جگر
تیزدندانی که بر خوان من است

تا بخاموشی گراید شمعِ جان
یک دَمِ آهسته طوفانِ من است

می‌برد آخر مرا بر آسمان
این تنِ فرسوده زندانِ من است

شکوه‌ای گر دارم از این ماجرا
دور گشتن از عزیزانِ من است

## همـزادِ خـزان

به هنـگام خـزان من شـاد بودم
جهان شیرین و من فرهاد بودم

نگـاهِ تـشـنه‌ام بـر بـام و در بـود
بـســـانِ کـــودکـــی آزاد بودم

به هـر بـرگِ خــزانـم بود پیـونـد
هـمـه شـور و همـه فـریـاد بودم

بـه دور از بیـکـران انـدوهِ عـالـم
رهــا از آن‌هــمــه بـیــداد بودم

کنون شـادی ز جانـم می‌گریزد
اگـر چه با خــزان همـزاد بـودم

مـن ایـنـک رفـتـه در دام زمـانـم
خوشـا روزی که من صیّاد بودم

بـه هنـگـام جـوانـی شـاد بـودم
گهی صیـد و دمی صـیّـاد بودم

سخن سر بسته گویم ای رفیقان
جهان شیرین و من فرهاد بودم

# چراغ بی وفایی

همه سرمست رویاهای شیرین
شرابِ آتشین در جامِ زرّین
به پیرامونِ من مستانه بودند
به شمعِ شعله‌ام پروانه بودند
کنون برگرد من پروانه‌ای نیست
خُمار نرگسِ مستانه‌ای نیست
دریغا مهربانی‌ها دروغ است
چراغِ بی‌وفائی پُر فروغ است
ز گرمی گر چو آتش جان‌فشانی
به خارستان گل و ریحان نشانی
کسی پاس محبّت را نداند
یکی درسِ مروّت را نخواند
تو نیکی می‌کن و در دجله انداز
که ایزد در بیابانت دهد باز
حدیثی از زبان خوش‌بیانی است
دریغا عاری از لطف معانی است

## هوایِ وطن

باز دلم واله و شیدا شده
مست و غزلخوان سویِ صحرا شده

بسکه می از جامِ شقایق زده
مست‌تر از ساغر و صهبا شده

باز بهار است و میِ ارغوان
باز دلِ خستهٔ من شد جوان

عطر گل اندر کفِ بادِ بهار
بلبلِ بیچاره شده بی‌قرار

غنچه ندارد سرِ سودایِ او
عاشقِ شوریده هزاران هزار

لاله دمیده است به طرفِ چمن
ژاله در آغوشِ گلِ یاسمن

چشمه برون آمده از کوهسار
باز گل‌افشان شده دشت و دمن

فصلِ بهار است و می اندر سبو
باز دل اندر طلبِ طرف جو

دل ز تبِ هجر به تنگ آمده
باز هوایِ وطنم آرزو

## یادِ وطن

من از خیالِ تو هرگز جدا نخواهم بود
جدا زیادِ تو یکدم به پا نخواهم بود

ز آب و خاکِ تو دارد نشان چکامهٔ من
اگر که شورِ جهان خفته در ترانهٔ من

مرا به باده چه حاجت ز عطرِ یادِ تو مستم
اگر چه توبه نمودم هنوز باده‌پرستم

در آن دیار هزاران گل امیدم بود
به گوشِ جانِ من از آسمان نُویدم بود

شبِ سیاه خیالم ستاره‌باران شد
دوباره دل پیِ دیداری خیلِ یاران شد

به سرزمینِ امیدم نبود خار و خسی
خوش آن دیار که افسرده دل نبود کسی

دریغ و درد که دور از دیارِ خویشتنم
شکسته ساغر و دلخسته و پریش منم

## یک روزِ زمستان

امـروز دلم بســی فکار است
آزرده ز دســتِ روزگــار است

گیسویِ زمیـن سپیـد از بـرف
یا پیــر ز جــورِ روزگــار است

لـرزنده درختِ خشکِ بـی‌بـر
افتــاده ز دامـنِ بهــار است

سرمـایِ شرر شکن شب و روز
آمــاده بــرایِ کــارزار است

لـغـزنده زمیـنِ بـی‌مـروّت
دامیست که در پیِ شکار است

خورشید ز بیـم برف و سـرما
رو کرده نهان و بی بخـار است

از بسکه ز سـینه آه بـر شـد
هـرجـا نگـری ز آه تار است

از دوریِ مهـــرِ عــالــم آرای
بیچاره دلم چه داغـدار است

صـد جـامِ شــراب نوشتان باد
کـاین آتشِ ناب پر شرار است

## یادِ وطن

دور بـــاد آنکـــه مـرا یـــاد تـــو از یـاد رود
این دلِ غـمـزده بـی‌یادِ تـو کـی شـاد شـود

دیده روشـن شـود از نقشِ خـیـالِ تو هـنوز
سینه گلشن شود از عکسِ جمـالِ تو هـنوز

بـه تمـنّـای تـو سـوزد دلِ سـودائـیِ مـن
شُهـره‌ی شهـر شـود قـصّـهٔ رسـوائـیِ مـن

دیـن و دل در رهِ سـودایِ تو خوش باخته‌ام
روز و شـب با تبِ هجرانِ تو خوش ساخته‌ام

ای خوش آنـدم که غـم هجـربه پایان برسد
ویـن دلِ سـوخـتــه‌ام بـاز به ســامـان برسد

گـر بـود عـمـر به میخـانه گـذر خواهـم کـرد
خاکِ آن میـکـده را گـردِ بصـرخـواهـم کرد

## یاد یار و دیار

از دولتِ باران همه جا رود روانست
از سبزه و گل پیر جهان رشک جنانست

از بسکه ز هر شاخه گلِ یاد دمیده‌ست
گلزارِ جهان این همه گل یاد ندیده‌ست

عمری همه در خانهٔ بیگانه بسر شد
در خانهٔ بیگانه شب و روز هَدَر شد

ترسم که مرا فرصتِ دیدار نباشد
نوبت رسد و بخت مرا یار نباشد

در حسرت دیدار به لب آمده جانم
تا چند به کاشانهٔ بیگانه بمانم

گر کام روا گردد و هجران بسر آید
این شام سحر گردد و خورشید بر آید

## یغماگر

دیدی که خزان دوباره پَر پَر شد و رفت
افسـانه دل دوبـاره آخـر شد و رفت!

میخـانه تُهـی ز بـاده و جـام شکـست
بر دیـده‌ی جان سرشکِ ایام نشست

از آنهمـه یک نشـانه بـر جـای نمـاند
جز یـادی از آن زمـانه بر پـای نمـاند!

پائـیـزِ دل‌انـگـیـزِ گـهـربـار گـذشـت
بیـداریِ این دیـده‌ی تـب‌دار گذشـت

یک گونـهٔ گلـرنگ دگر زانهمـه نیست
یک رقصِ شررخیز دگر زانهمه نیست

یغمـاگـرِ پائـیـز ربـود آنهـمـه زر
خون می‌رود از دیده ز شب تا به سحر

انـدوهِ مـرا کـرانـه‌ای نیسـت دگـر
شـادیِ مـرا نشـانه‌ای نیسـت دگـر

زیـرا که خـزان دوباره پرپر شـد و رفت
هنـگامـهٔ دل دوباره آخـر شـد و رفت

## افسانه

روزگاری دل پریشانی نداشت
داغِ ناکامی به پیشانی نداشت

شکوه‌ای از چرخِ بازیگر نبود
بزمِ ما را خوشتر از ساغر نبود

در حریم ما جفا جائی نداشت
هر نی ناساز آوائی نداشت

این جهان از دولتِ ما شور داشت
آسمان از پرتو ما نور داشت

عاشقان را دردِ بی‌درمان نبود
عاقلان را دیدهٔ گریان نبود

ای دریغا آنهمه افسانه بود؟
کعبه‌ی آمال این ویرانه بود؟!

## یاد یاران

به یاد آید مرا آن روزگاران    که من هم بودم اندر جمعِ یاران
نشاطی بود و شوری بود و حالی    نبود از بهر غم خوردن مجالی

همه صاحبدلان بودیم یکدل    ز شمعِ جان فروزان بود محفل
سخن‌ها مایه از شعر دری داشت    نوای نی نوای دیگری داشت

کنون من ماندم و تنهائی دل    جدائی بین ما منزل به منزل
به یاد رفته‌ها ساغر بگیرم    که شاید شور دل از سر بگیرم

گهی درخواب نوشین پر برآرم    از اوج آسمان‌ها سر برآرم
دمی ازخواب دوشین شادبا شم    ز قید هرچه غم آزاد باشم

دریغا درد دوری ر ادوانیست    دو رو زعمر و مهجوری روانیست
شرابی ساقیا دردی دواکن    از این افسردگی ما را رها کن

خدا را مطربا شوری نوائی    سر شوریدهٔ ما را دوائی
صبا ازمن پیامی بربه یاران    خوشا حال دل امیدواران

## بلای آسمان

زمین دارد بلورین جامه بر تن گذر دشوار از هر کوی و برزن
زمین لغزنده‌تر از گویِ سیماب و یا پوشیده از سیماب بر تن

رُخ زیبارُخان چون گل ز سرما هوای گل کجا اندر سرِ ما
اگر چه دل میانِ سینه لرزد نشانِ بیقراری نیست امّا

نمی‌بینند نگه جز پیش پائی زمستان است و هر دم بی‌وفائی
به هر جا صد هزاران دام دارد اگر غافل شوی بی‌دست و پائی

شکسته استخوان درمان ندارد سری کاشفته شد سامان ندارد
بلای آسمان است این زمستان بلای آسمان پایان ندارد

خدایا آتش اندر جام ما کن وزان آتش غم ما را دوا کن
ز مهرِ خود بسوزان جانِ ما را از این بی‌حاصلی ما را رها کن

## شکسته ساغران

سخن با ماه و پروین دارم امشب    به سر صد یادِ شیرین دارم امشب
هوایِ آسمانِ پر ستاره    هوایِ دیدنِ یاران دوباره
من این دانم که رفته برنگردد    نهال آرزو پُر بَر نگردد
ولیکن با دلِ شیدا چه سازم    که او را همدمی باشد نیازم
دلی کز کودکی همگامِ من بود    دلی کو آفتابِ بام من بود
چه شب‌ها تا سحر بیدار بودیم    نهان از دیدهٔ اغیار بودیم
بیاد آمد مرا از نوجوانی    دلی افتاده در دامی نهانی
رها از دام عقل و رفته در بند    ندارد عقل با دیوانه پیوند
به پیری یادم آمد از جوانی    خوشا با یادِ رفته زندگانی
ز آبِ چشمه‌ساری نوش کردن    به سازِ دلنوازی گوش کردن
کنون با یادِ یاران مستِ مستم    ز مستی ساغرخود را شکستم
شکسته ساغران مستانِ مستند    ز مستی ساغرخود را شکستند
خدایا دردِ هجران را دوا کن    از این آوارگی ما را رها کن
به سر صد یادِ شیرین دارم امشب    سخن با ماه و پروین دارم امشب

## خشم خدائی

خشم خدائی بکند کار خویش آتشی افروزد از اندازه بیش
نیست گریزی بجُز از سوختن بارِ دگر تجربه اندوختن
نامه سیاهیم و اسیر عقاب مالکِ دوزخ شده مالک رفاب
تشنگی و ساختن و سوختن دیده به زخم تن خود دوختن
الغرض از راه خطای بشر طعمهٔ دوزخ شده هم خشک و تر
میوهٔ زقّوم و عذابِ علیم لرزه بر اندام من افتد ز بیم
شاید اگر توبه بجا آوریم جان ز بلایا به سلامت بریم

ور نه

چنان از خشم آتش بر فروزد که یکسر خرمن هستی بسوزد

به قول سعدی آن پیر خردمند:

«بنده همان به که ز تقصیر خویش عذر به درگاه خدا آورد

ور نه

سزاوار عذابیم ما تشنه به دنبال سرابیم ما
مست می کوثر و دیدار حور طوبیِ پر سایه و تخت بلور
نهر مصفّا عسل و نهر شیر مرغ هوا در نگه ما اسیر
این همه چون نقش بر آبست و بس جام تهی از میِ نابست و بس

فصــل دوم

# اشعار نو

## کوچ

چه دشوار است کوچیدن !
گلی پژمرده را از شاخه ای چیدن،
به امیّدی که در آنسوی دریاها جوان گردد !
زبانی تازه، راهی تازه بگشاید،
تلاشی تازه آغازد!
گذشت سالیان عمر را،
نادیده انگارد،
بنای دوستی ها را فرو ریزد،
بنائی را که از خشت محبت کرده بنیادش
زمین اش جان، زمانش عمر!!
چه دشوار است کوچیدن،
نگاهی را که مشتاق است نادیدن!!..
نوائی را که پر شور است نشنیدن!
درختی را، که هر برگش پیامی دلنشین دارد،
به قهر از ریشه برکندن!
سخن از،
کام و ناکامی، سخن از نام و گمنامی
چه دشوار است کوچیدن
سخن از رفته و باقی ست، چه دشوار است کوچیدن

## این همه ظلم چرا؟!

زیرِ گنبدِ کبود قصّه‌گو نشسته بود
لب چو از هم می‌گشود ...
دونه دونه اشک می‌ریخت!
اشک او دریا می‌شد ...
او می‌گفت:
یک زمان کشوری بود مهربان مردمی داشت ...
قلبشان مثل بلور، سرفراز و پر غرور
بخدا پندارشان، گفتارشان، رفتارشان ...
بهتر از فرشته بود
زیر این هفت آسمان شش هزار ساله بودند
چشمه‌هاشون جوشان، دشت‌هاشون سرسبز
خونه‌هاشون آباد، گونه‌هاشون گلرنگ
قصّه‌گو گرم‌سخن، ناگهان آه کشید ...
او می‌گفت ... روزی از قلّه کوه یک تیکه ابر سیاه
سر کشید
آنهمه سبزه را دید، آنهمه شور و امید
همه جا نقل و نبید، هر کجا پاک و سپید ...
براشون نقشه کشید! پس از آن ...
چشمه‌هاشون خشکید، غنچه‌ها پرپر شد

دیده‌هاشون تر شد ... جامه‌ها گشت سیاه، کشته‌ها گشت تباه!
روزشان تیره و تار! نه نشانی ز بهار!
قصّه‌گو سخت گریست، سوی داور نگریست ...
کاینهمه ظلم چرا؟!
دخترم دلتنگِ دلتنگم ...
چه می‌شد گر خدا با بندگانش مهربان می‌بود؟!
بجایِ قهر و خونریزی! دم از صلح و صفا می‌زد
زمین آئینهٔ مهر خدا می‌شد، نه شیطانی نه دوزخ
نی گنهکار آدمی می‌بود ...
بهشتــی بود و فــارغ از غــمِ دنیــای دون بودیــم
من ملک بودم و فردوس برین جایم بود
آدم آورد در این دیر خراب آبادم
۱۳۶۰ - زمانی که مـردم بی‌گناه در زیر آتش بی‌امان دست و پـا
می‌زدند و فریادرسی نبود و حاکمان خـدائی می‌کردند!

## ستارگان شوم

تاریک شبان به یاد دارم
کاشانه سکوتِ مبهمی داشت!
با دلهره گام می‌نهادم ...
پیدا و نهان نبود پیدا!
جُز رنگِ سیاه هیچ دیگر!
ناگاه در آن شبان تاریک ...!
آفاق پُر از ستاره می‌شد ...!
آوای بلندِ هولناکی زائیدهٔ آن ستارگان بود!
با زایشِ هر ستاره شمعی
می‌مرد و هزار داغ بر دل!
افسانه‌ی آن شبان تاریک ...
ننگی به جبینِ روزگار است ...!

## چه‌ها می‌شد!

اگر می‌شد زمانِ رفته باز آید ...
چه‌ها می‌شد!
هزاران عقده‌ی نگشوده وا می‌شد ...
هزاران دل ز قید غم رها می‌شد
جهان آئینه‌ی مهر خدا می‌شد ...
نه ناکامی، نه گمراهی، نه گمنامی
نه آهی آسمان‌پیما، نه اشکی تالیِ دریا
نه دردی بی‌دوا می‌شد
نه بالی خسته از پروازِ بی‌پایان ...
نه پائی بسته در زنجیر، نه عقلی در کف تقدیر!
نه روزی چون شب یلدا، نه شام بی‌سحرگاهی
اگر اشکی از دیده‌ای بود جاری!
نشان از پریشان دل بی‌قراری ...!
به گلبرگی از گونه برچیده می‌شد
به صحرای سوزان ز گل سایه‌بان بود
به هر جای دنیا ز یاری نشان بود
جهان سربسر خانه داد بود ...
به دور از جهان هر چه بیداد بود ...

## نگاه کن

(در سوگ جوانی که با دست خود به زندگی پایان داد ...!)

پرواز به سوی بی‌نهایت، با بالی خسته و دربند!
خسته از تلاشِ بی‌امان و بی‌ثمر...
پرواز برای رهائی!
رهائی از هـــــزار بنـــد...
رهائی از تلاش بی‌ثمر...
بریدن از ترانـــه‌های عشــــق
گسستن از کرانه‌های مهـــر!
گذشتن از ندایِ پر شکوه موج
نوای دلنشین نی، سرود پاک دوستی
صفای آبی آسمان ستارگان...
شکوفه‌هایِ زندگی!!!
زلالِ آبِ چشـــمه‌ها، نـــگاه‌ها
سرشک ابر آسـمان به بستری ز برگ گل...
نگاه کن!
نسـیم شـانه می‌زند به زلفِ پر ز تابِ شب
حریر آسـمان به شب پر از سـتاره می‌شود
بلـور اشک مَه به شب پیـامِ مهـر می‌دهد
ببین! سپیده می‌دمد، هوا ز عطر غنچه‌ها دوباره مست می‌شود
هزار بند را گره دوباره باز می‌شود، دوبـاره صبـح می‌دمد
شرابِ شـور زنـدگی، به رنگ سبز آسمان
دوباره رنگ می‌دهد، بیا بیا ...

## خاکستری

هوا خاکستری رنگ و مِه‌آلود است
فضای دید محـدود است
ملال‌انگیـز اندوهـی
غُبـارانـدود
دودی رنگ
ربـوده شـــادی از جـانم!
من از خاکسـتری یادِ بدی دارم ...
به هـر جـا آتشـی یا اختــری میـرد
به جایِ آنهمـه گـرمی ...
بماند مشتِ خاکستر
نشان از مرگ هر اختر ...!
ملال‌انگیـز دردآمیـز!
سیه مویِ جوانی هم به پیری رنگِ خاکستر
من از خاکستری یاد بدی دارم ...

## دردناک!

من صدای شکستنِ قلّه‌های البرز را شنیدم!
صدائی فراگیر و طاقت‌سوز...
چه نازیبا و ناپسند...
گسستن از پیوندهای کهن
و
پیوستن به ارزش‌های بی‌ثمن!
وارداتی! ویرانگر!
چه دردناک تنیدن تار بر او تارِ اندیشه
بدست خود...!
و تعبیهٔ دار برای استوار یادگارها...
و چه دشوار رَهائی از زیر آوارِ باورها!
و بازگشت به رفته‌های بر باد رفته...
و بازسازیِ ویرانه‌ها...!

## وطن

تـرا یـاد آورم هـر دم که بـا دل گفت‌وگـو دارم
ترا دارم به پنـدارم
بهشت اینجـا اگر باشد، بهشت آرزویم نیست
نـگه پر می‌کشد هـر جـا که بیـند آشـنائی را
نشان از آشنائی نیست....!
صفای چشمه می‌جویم
هـوای خـانه می‌خواهـم
هـوائی پـر ز عـطـر مهـربانی‌ها...
دریغا! خانه ویـران شد و می‌گویند:
دل‌هـا از صـفا خالیـست!
خدای آسمان آنجا خدای جنگ و کشتار است
خدائی سخت قهّار است!
جبّار است!
گره بر ابروان دارد!
به دوزخ آتشِ پُر تابِ سـوزان بیـکران دارد
نمی‌بخشد گناهی را مگر شیخی شود شافی!
خدایا مهربان بودی، خدای آن شبان بودی
که موسی را ندا دادی....!

## سخنی با ابر

چرا ای ابر سرگردان هزاران سال می‌گریی؟!
چه غم داری؟ به دنبالِ که می‌گردی؟
به دشتِ آسمان گاهی شتابان
گه بسی آرام می‌پوئی...
گهی فریاد می‌داری که دلتنگم...
چنان از خشم می‌غری که دل در سینه می‌لرزد
زمانی گیسو افشان در سحرگاهان
می از خم‌خانهٔ خورشید می‌نوشی
فریبا جامه‌ای از اطلس گلرنگ می‌پوشی...
در آغوشِ نسیم آسمان‌پیما بسی مستانه می‌رقصی
بگو آخر چه غم داری؟!
که اشکت می‌شود دریا...
کدامین سنگدل از کف ربوده صبر و آرامت؟!
به دنبالِ که می‌گردی؟!

## پنجره

یک روز زمستان
از پنجره شاخه‌ای نمایان ...
بر هر مژه اشکی
از دانهٔ باران
شفّاف‌تر از دانهٔ الماس
تابنده‌تر از چشمهٔ خورشید
دلخواه‌تر از جلوهٔ مهتاب
بیمارتر از دیدهٔ نرگس
لغزنده چو دیوانه دلِ من
با هر وزش باد فرو می‌چکد اشکی
از ریزش هر اشک
چنان ابر بگرید! کز پیکر هر شاخه ببارد گهر ناب
از دیده نگاهم پر پرواز گشوده
از سینه دلم باز رمیده ...
بر گلبن جان باز گلِ یاد دمیده
از عطر دل‌انگیز گل یاد شدم مست
با بال خیال از پُل ایّام گذشتم
اندر پی صد خاطره گشتم
یک یادِ دگر در همه‌ی خانه ندیدم!!!

## پرستوها

بر حریر آسمانیِ آسمان
پرواز پرستوها رامی‌دیدم
پروازی پرشور، پروازی همسنگ
بازو به بازو بسوی نور
و دیدم که افق شد برنگِ خون!
دیدم که پرستوها یکدیگر را دریدند...!
و
دیدم که حریر آسمانیِ آسمان را
در آتش کشیدند!

* * * *

من از کودکی کوچ مرغان را پیگیر
و از نظم بی‌نظیر آن پرواز دلپذیر
در شگفت بودم

امروز بر پهن دشت آسمان این سامان
فراز افراشته درختانِ
بی‌برگ دیماه با آرایشی دلخواه
بسان دستان پاکدلان به هنگام دعا!
پرواز ناهمگنِ مرغان را دیدم!!
چونان شکست خورده سپاهی پریشان
بال‌زنان، سرگردان از سوئی به دیگر سوی
روان بودند غمی سنگین و مبهم بر جانم نشست!
مرا یاد آمد دشواری کوچ هزاران انسان؟!!!

## برای زادروز خودم

من آن بی‌باده سرمستم ...
هوای صبح پائیزم، به دامن تاج زر دارم
می‌افشانم، می‌افشانم
خزان‌زادم که آتش خیزد از جانم
غزل‌خوانِ رهِ میخانه را مانم ...
دگر سالی گذشت از عمر ...
مانده سالی چند ...
و من شادم، و من شادم

❋ ❋ ❋

روزی از جولای ۲۰۱۰
هوا دلپذیر، جلوه‌ها بی‌نظیر
درختان دوش به دوش
هم‌آغوش، مهربان، مَه‌پیکر، سایه‌گستر
زُمرّدین جامه در بر
نسیمی جان‌پرور
یادآور بهشتِ موعود ...!
من که امروزم بهشت نقد حاصل می‌شود
وعدهٔ فردای زاهد را چرا باور کنم ...؟!

## همزبانی

بسی دلخواه روزی از بهار است...
هوا و غنچه و گل شاهکار است
دلی آشفته حال و بی‌قرار است!
که؛
گل بی گفت‌وگو ناپایدار است
زیبائی زودگذر...، زیبایان از وفا بی‌خبر!
جفا پیشه! نازک‌تر از شیشه...!
امّا؛
دلی از سنگ، یا سنگی بجای دل دارند!
بگذریم...، گذر از کوچه باغ زندگی است
گاه خشک و بی‌بر، زمانی سرشار از زر و گوهر
دمی دلنواز و معطّر...
نوای مرغکان آرام آرام، به رگ‌هایم شراب نور می‌پاشید
به هر جای جهان آوای مرغان یکسان و نشان از همدلی و همزبانی است
کجا دیدی که مرغی نغمه خواند
دمی روسی، زمانی انگلیسی!!!

## غربت

شامگاهیست از آخرین روزهای بهار
هوا خُنک، خوش‌آیند، با نسیمی دلخواه
لیکن غروب غربت است!
دل به دنبال خانه می‌گردد...
یادهای کودکی در زلال اندیشه نقش می‌بندد
اراک آن زمان
یاران مهربان، یک‌دل و یک‌زبان
هوائی پاک و روشن
دل‌ها لبریز از صفا، سخن‌ها خالی از ریا
خواسته‌ها معقول
دروغ‌ها مقبول
دل بدنبالِ خانه می‌گردد...

## باران

ای ابرِ پر از باران
من تشنهٔ بارانم، در سینه غمی دارم!
دور از همه یارانم
من زادهٔ ایـــرانم
من مرغ غزل‌خوانم، پروردهٔ طوفانم
از موج چه پروائی؟
ای ابر پر از باران من تشنهٔ بارانم
من آتشِ سوزانم، من دودِ پریشانم
سرگشته به هر سوئی، پویندهٔ هر کوئی!
گم کرده جوانی را، نایافته آماجی!
یک روز به گمراهی، یک روز به شیدائی!
ای ابر پر از باران، من تشنهٔ بارانم
انــدر طلبِ یــاران آرام نمی‌مانم
هم آتش سوزانم، هم دود پریشانم
هم دیـدهٔ گریـانم
صد شور برانگیزم، بنشینم و برخیزم!
ای ابر پر از بـاران
دانی که پریشانم، از رفته پشیمانم...
ای اشک تو درمانم، من تشنهٔ بارانم!!

## طفلِ آزادی

زمستان است و سرما بس تـوان‌فرسا...
درختان را نه رنـگین جامـه‌ای بر تـن...
نه جـام بــاده‌ای در کف!
نفس در سینـه یـخ بستـه
ز جورِ بادِ غارتگر هزاران شاخه می‌لرزند!
اگر اشکی به مژگانی بر آید
دُرّ غلطان نیست...
به روی شـاخه می‌ماند...
که
شاید پوششی بر پیـکرِ عریـان او گـردد!
زمستانست، ســرما بـس تـوان‌فرســا!
چراغ خانه‌ای خاموش...!
اُجـاق رفتــه از یـادی...!
نـگاه ســردِ جــان‌کاهی
که سوسو می‌زنـد گاهی!
ز چـشـمِ طفـلِ آزادی!!!

## بهاری در خزان!

دلی از سینه آهنگ سفر داشت ...
جدائی گر چه کاری بود بس مشکل!
بر اوج آسمان‌ها بر شد آرام
به شهر آشنائی باز می‌گشت ...!
ز پیرامونِ ناهمگن، گریزان
به دنبالِ بهارِ دیگری بود ...
بهاری با هزاران گونه گلبن
که هر گلبن هزاران غنچه آرد
به گردِ غنچه‌ها
دل گیرد آرام ...
بهاری در خزان آغاز گردد ...
بهاری با دو صد شعر و ترانه ...
میان کوچه‌ها آوازه‌خوانی
بخواند نغمه‌های عاشقانه ...
ز بام خانه‌ها یکبارِ دیگر
نهالِ مهربانی، گل ببارد ...

## آسمان کودکی‌ام

با دیـــدنِ آســـمـان آبــی ...
از دیـده سرشـک می‌فشـانم ...
من بــودم و عشـــقِ کودکانه ...
تا بالِ نگاه می‌گشودم، دل نیز برون ز سینه می‌شد
همراهِ کبوتـرانِ بر اوج، در دامنِ ابر غوطه می‌خورد
مـسـت از مـیِ نــابِ آســمانی
می‌رفت و به لب ترانه‌ای داشت
ای کاش جهان پر از صفا بود ...
آئینـۀ مـهـری از خـدا بـود
یا آنـکه جهـان نبـود هـرگـز ...!
یا بـود و ز هر بـدی جُـدا بود ...

به خُـردی آســمان را می‌پرسـتیدم
من بـودم و عـشـــق کودکـانـه
تا بالِ نگاه می‌گشودم
دل نیز بـرون ز سـینه می‌شد
همراهِ کبوتـرانِ بر اوج در دامـنِ ابـر
غوطـه می‌خـورد

مست از میِ نابِ آسمانی می‌رفت و
به لب ترانه‌ای داشت:
ای کاش جهان پُر از صفا بود
آئینهٔ مهری از خُدا بود
یا آنکه جهان نبود هرگز!
یا بود و ز هر بدی جُدا بود
ای کاش ...

# جنگ

(جنگ! من در ایران و دخترم در امریکا)
دخترم دلتنگِ دلتنگم، بسی بیزار از جنگم ...
نمی‌دانی چه غوغائیست ...!
طنینِ هولناکِ غرّشی!
جامِ بلورین هوا را خُرد می‌سازد!
ندایِ ناله‌هائی از زمین بر آسمان
آنجا که عرشِ کبریائی نام دارد ...
اوج می‌گیــــرد ...
بجای ابر رحمت!
دود و آتش اشک از چشمِ فلک گیرد!
بجایِ آبِ روشــن
مایعی قرمز که آن را خونِ بی‌مقدار! می‌نامند
بر سطح زمین جاری ...
بجایِ عطرِ گل‌ها
بوی تن‌هائی که با فرمان هم‌نوعانشان!
بر خاک غلتیده ...
بجای سبزه‌زاران داغ ننگ آدمی پیدا!

## شگفتا

رویشِ گیاه را با آنهمه لطافت و شکنندگی
بر سینهٔ سنگ دیده‌ام
پر پر شدنِ شقایق را با وزشِ نرمِ نسیم نیز!
دانه‌هایِ بلورینِ باران
سیلِ بنیان‌کن را نیز!
رقص جادوئیِ شعله را به بزم شبانه
عصیانِ ظالمانهٔ آتش را نیز!
نسیمِ نوازشگرِ تن، بیدادگر طوفان را هم!
آدم‌هائی به پاکیِ شبنم
به گرمیِ آفتاب
به نرمیِ حریر
به بویائی عطر گل یاس
دریغ و درد که دیده‌ام نیز...
به برودتِ برف
به خشونتِ ببر!!!

## سرزمین عشق

از دشتِ سبزِ آسمان با دست خود گل چیده‌ام
تا سرزمینِ عشق را بار دگر
پر گل کنم...
آویزه‌ای از اختران برگردنِ گیتی نهم
خورشید را زیر آورم!
پر پر کنم!
از هر پری خورشیدِ دیگر ساخته
وین دانه‌هایِ مهر را
بر شاخسارِ بی‌فروغ دوستی آذین کنم

## برف

(یادآور زمستان‌های شهر من اراک)

زمین پوشیده از برف است و
سرمائی نه چندان بد ...
هزاران دانه‌ی برف از هزاران ابر
می‌بارد ...
بسانِ پرده‌ای تورین فرا راهِ نگاه ما
که مشکل کرده دیدن را!
پس این پردۀ تورین
به روی صفحه‌ی رخشانِ ذهن من
چه شیرین یادها پیدا ...
گذشتن از مسیر کوره‌راهی سخت، نا هموار، لغزنده
میانِ کوچه‌هائی تنگ پیچاپیچ ...
فرود برفی از بامی پس از گاهی!
صدائی از درون سینه‌ای لرزان ...!
خبر کن آی پاروکن، که برف از بام می‌ریزی
گذرگاهی است بس مشکل
نمی‌بینی که دیگر کس نمی‌خندد ...!
نمی‌دانی که آب حوض چون شمشیر بزّانست؟!!
مرا یاد است کز سرما سگان در کوچه می‌مردند ...!
ولی با آن همه سرما ...
فضای سینه‌ها گرم از محبّت بود ...

## خانه

دوست دارم خانه‌ای از برگِ گل ...
باده گل، پیمانه گل، جانانه گل ...
روز و شب
آن خانه را پر کرده باشد عطرِ گل
از زمین و آسمان گل بارد، از شب تا سحر
هر گلی از جان من شوریده‌تر ...
وه چه شیرین
بوی گل، آوایِ بلبل، شورِ من
زلفِ سنبل، چشم نرگس، شعرِ من
دفتری می‌سازم از صد برگ گل ...
نقش هر برگی پریشان چامه‌ای
حاصل اندیشه‌ای ...
یادگاری از بهاری، از بهار پر شراری
صحبت از عشق جوانی، یک جهان شور نهانی
بی‌قراری ...
گاه شیرین قصّه‌ای از زندگانی، پاک و روشن
آسمانی ...
گه سرابی خالی از هر شادمانی!
شبنمی از دیده بر هر برگِ آن دفتر نشانی!

## برگ‌ریزان

باز خزان، باز فریبنده برگ
بر سر گیسوی پریشان باد ...
رقصِ هزاران هزار، شاخهٔ بی‌برگ و بار
بر سر هر رهگذر ریخته برگ چنار
رنگ رنگ
تنگ تنگ ...
گاه در آغوشِ باد، گاه در آغوش هم
می زده مست و خراب!
گونه برنگِ شراب
برده دل از شیخ و شاب ...!
برگ خزان می‌چمد بر بر و دوشِ چمن
باد خزان می‌دمد از برِ کوه و دمن
به به از این آسمان، جلوهٔ رنگین‌کمان!
باز دلم شاد شد ...
غم دگر از یاد شد ...
اینهمه از دولت پائیز بود

## شقایق

از کودکی به یاد دارم که شقایق را «لاله وحشی» می‌خواندند. به گمان من واژه وحشی بیانگر خشونت، نافرمانی و زورمندی است. دریغ که شقایق را با آن همه لطافت و نازکی وحشی خوانند!

لالهٔ صحرائی را هم نمی‌پسندم! زیرا صحرائی نیز یادآور ستیز و پایداری است. از این رو لالهٔ صحرا را برمی‌گزینم. نازنین لاله‌ای که نابجا روئیده و توان پایداری ندارد...

---

دلم به برگِ شقایق همیشه می‌سوزد!
که بی‌خبر ز تطاول نشسته در رهِ باد!
سپیده دم که گشاید ز خواب دیده به ناز...
به شوربختیِ خود پی برد ز مستیِ باد!
شکسته ساغر و آشفته حال و جان بر کف
به انتظار دیدن یک صبحِ جان‌فزایِ دگر!
دریغ و درد که او را دگر نه فردائی است!
جهان پیر است و بی‌بنیاد از این فرهادکش فریاد
که کرد افسون و نیرنگش ملول از جان شیرینم

## خیالِ خام

ای آسمان با دل سخن‌ها گفته‌ام ...!
از اینکه بر بامِ فلک دیگر نبینی ...
مهر و مَه با هم هم‌آوازی کنند!
بارانِ نور از آسمان بارد به پهنایِ جهان
امّا نروید سبزه‌ای!
دیگر بر اوجِ آسمان، نی زُهره را بینی نشان!
نی جلوهٔ رنگین‌کمان ...
من یاد دارم پیش از این دل تشنهٔ پرواز بود
بر بی‌کران، بر بی‌نشان
آنجا که نورِ اختران، روشن‌تر از اندیشه بود ...
آنجا که در پهن آسمان، بر کهکشان‌ها راه بود
در بی‌نهایت، در گمان
آرامشی دلخواه بود ...
آنجا که دیگر گونه‌ای از خونِ دل رنگین نبود ...
آنجا که می‌شد سینه را پُر از هوایِ تازه کرد ...!
از عشق او دیوانه شد، سوزان‌تر از خورشید بود ...
امّا دریغا کانهمه تنها خیالی خام بود!!!

## دریای نور

ماه می‌تابد ز بامِ آسمان
باد می‌پیچد درونِ کوچه‌ها...
گیسوی شب را پریشان می‌کند...
در حریر نقره‌فام ماهتاب
دلربائی می‌کند اندام شب...
لابه‌لای شاخه‌ها تصویرِ ماه
تن در آبِ برکه می‌شوید به ناز...

* * * *

موجِ آرامِ نگاهی...، دامن دریا گرفت...
مرغ زرّین بالِ دل...
پرواز کرد از سینه باز...!
دیده و دل یارِ هم...
کهکشان‌ها درنوردیدند و باز...
تشنهٔ پرواز دور...
راهیِ دریایِ نور...

## زادگاه

(پس از شانزده سال راهیِ ایران بودیم)
ما به سویِ خاستگاهِ خورشید
جایگاه جمشید
سرزمین مهرِ جاوید
در پروازیم...
پرواز به سوی زادگاه...
آنجا که دیده گشودیم
زندگی آموختیم، مهر ورزیدیم
دل باختیم
عشق را تجربه کردیم...

## نهایت

هنوز بر این باورم که؛
خورشید از دلِ شب طلوع خواهد کرد...
زایشِ نور از تاریکی، چیرگیِ اندیشه بر نابخردی
فرودِ ظالم، فرازِ مظلوم
از هم گسستنِ پیوندِ رباینـدگانِ مال اندوز...!
آتش‌افروز!، خانمان‌سوز!
بر این باورم که... بردباری را نهایتی است

## ز دل‌ها مهربانی رفت!

مرا یاد است دورانی
که دل‌ها مهربان بودند...
به لب‌ها نقشِ لبخندی
نه اندوهی که آزارد دلِ زاری...
نه آزاری ز سویِ مردم‌آزاری
همه خوبی، همه شادی
جهانی شور در دل‌ها، سرودِ مهر از هر سوطنین‌انداز
صبا با دامنی پُر گل میانِ کوچه‌ها می‌خواند:
«بیا تا گل بر افشانیم و می در ساغر اندازیم»
مرا یاد است هنگامی که...
گل پَژمرد و پر پر شد!
نهالِ آرزو خشکید!
هزاران مهر اگر بَر شد، فرود آمد!
صفایِ زندگانی شد!، ز دل‌ها مهربانی رفت!

## زندگی

زندگی کوچه‌ی پُر پیچ و خمی است
سر هر پیچ گلی باید کاشت
پایِ هر پنجره شمعی افروخت
دست هر رهگذری را افشرد
شادیِ رهگذران باده ز ساغر نوشید
همه از عشق سخن باید گفت
نقش هر کینه ز دل باید شست
همچو خورشید به هر جایِ جهان نور فشاند
وام از عطرِ گلِ یاس گرفت
تا به هر پنجره ارزانی داشت
زندگی پرتوی از جلوهٔ رخسار خداست
زندگی آینهٔ خاطره‌هاست
کوچه‌ی خاطره را فرش گلِ یاس کنیم
مهر ورزیم به هم، عشق ورزیم به هم
عشق ورزیم به هم

## راهیِ دریا

من خسته ز بیدادم
خاکستـرِ فریـادم!
من تیشه‌ی فرهادم
من قصّه‌ی شیرینم
من خســروِ دیرینم
من تشنه‌ی طوفانم
آرام نمی‌مانم...
پوینده‌ٔ پویایم، جوینده‌ٔ جویایم
من راهیِ دریایم...،
من راهیِ دریایم...

## دیوانه!

ویـران شـود کاشانه‌ای...
کز مهر دور افتاده است...
تاریک‌دل بـاد آن سـری کز عـشـق دوری می‌کند
تا عقلِ دوراندیش را زنجیـر در پای افکنی
دست از طلب کوته مکن
صافی‌تر از آئینــه شــو...
گه آتش اندر جـام کن...، گاهی به جان آتش فکن
تا وا رهـد جان از جهـان
دیـوانه شــو، دیـوانه شــو
ای جانِ جانان جهـان، گـر تو نگیری دست مـن
آتـش بـر عالـم می‌زنـم
شب‌های هجرِ بی‌امان...، شب تا سحر نالیده‌ام
با این همه دیوانگی دستم نمی‌گیری چرا؟!
تا دل برون از سینه شد...
آوارگی شد کار او...
گه خـون به دامن می‌کند، گه خانه بر هـم می‌زند
گر تو نگیری دست من...، از عشق دوری می‌کنم...!

## جامِ می

آندم که غم در جانِ من صد شعله بر پا می‌کند ...
جـامِ شــرابی بایـدم
تا جـان بـر آسـاید دمی ...
اشـک سـحابی بایـدم ...
صهبایِ بی‌آزارِ من ...، یار وفادارِ من است
در تلخی شب‌های غـم ...
همواره غمخـوار مـن است
اندوهِ سنگین مرا از سینه بیرون می‌کند ...
آرامـش جـان می‌دهـد ...
بس روز و شب آواره در کوی وفا پوئیده‌ام ...
هم خســته از آوارگی
هم تشنه کامی بی‌اُمید ...
مـن صـفا را من وفـا را ...
یافتـم در جـــام مـــی ...

## دریغا!

انسـان عجیب موجودی است!
نمی‌داند چه می‌خواهد!
و
نمی‌داند چه می‌کنـد!
در اوج پُر کاری خواهان برکناری
و
به هنگام برکناری حسرتِ رفته در دل!
پر کار یا بیکار؟! کدام یک...؟ نمی‌داند
ندیده را می‌جوید، چون یافت
بر دیـده‌ی از دست رفتـه می‌اندیشـد!
دیده یا ندیده، کدام؟ نمی‌داند
در جوانی خام و به پیری بی‌نام!
با انبوهی تجربه،... به بهای گزاف جوانی
دریغا خریدار نیست!!!

## کار و بارم

(من در ایران و بهین در امریکا بود)

کار و بارم بد نیست
خانه‌ام خوب است ...
گلهایم شادابند
دوستانم کمیابند
رنگی به بوم
مرکبی بر کاغذ
و کلامی بر قلم جاری می‌سازم
کار و بارم بد نیست، خانه‌ام خوبست
امّا
بدونِ کدبانو نازیباست

## امیدم آرمان

مـن شــورِ دگـر دارم، وقتی که تو می‌خندی
من تـاج به سـر دارم، وقتی کـه تــو می‌آئـی
وقتی که تو می‌خندی، وقتی که تــو می‌آئـی
دنیـا همـه زیبـائی ...

تو مهــر درخشـانی، تو لعــل بدخشـانی
تو غنـچه‌ی خنـدانی، تو نـرگـس فتّـــانی
من بی‌خبر از خویشم، بـر هیـــچ نینـدیشـم
وقتی که تـو می‌آئـی، غــم می‌رود از جانـم
وقتی که تـو می‌آئـی، دنیــا همــه زیـبـائـی
دنیـا همـه زیبـائی ...

## شبِ سیاهِ غم!

سپیده دم که غم به یاد رفته‌ها
درونِ سینه جا گرفت!
دوباره اشکِ بی‌امان...
دوباره آبی آسمان که تیره شد...!
شکستنِ شکسته دل...
گسستن از امیدها...
به دشتِ سبزِ آرزو ستاره‌ای دگر نماند!
هوا پُر از غبار شد...
نه آتشی به دل دگر، نه گردشِ پیاله‌ای!
چه شد شکوهِ زندگی؟
چرا اُمید مرده است...؟!
شبِ سیاهِ غم چرا دگر سحر نمی‌شود؟!

## در اطاقکِ آهنین

تنهایِ غمگین...
از کوچه باغ بهشت می‌گذرم!
محمودی خوانساری که دیگر نیست
برایم می‌خواند...!
یادگار از شهریار، گریهٔ پنهانی از اشتری
که عمری گریستند، با شعر زیستند...
دریغ که آنان هم نیستند. لیکن صدایشان با من است
پیامشان را می‌فهمم
از شور نهانشان باخبرم...

❋ ❋ ❋

برای صدمین بار باز هم نوار
نوارِ پر بارِ گفتارِ محمد حقوقی با یادی از فروغ!
صداست که می‌ماند
صدای انفجار اَتم، صدای ریزش بمب!
چه نفرت‌بار فریادِ زاغان...
و چه طاقت‌سوز نالهٔ پرنده‌ی دربند!
چه شرم‌آور نشست‌های پنهانی!
بشر را کارنامه پلید است...!
«صداست که می‌ماند»

## سرمای طاقت‌سوز

(دی ماه ۱۳۶۸ خورشیدی)
ز سرما پیکر خورشید می‌لرزد!
نفس در سینه می‌بندد!
زمین چون شیشه لغزنده
ز بامِ آسمان یخ ریزه می‌بارد!
نه در بالِ نگاهی قدرت پرواز
نه در موج صدائی شوکت آواز
نه یادی از گل‌اندامی
نه گلگون باده در جامی!
نه رقص شعله‌ای سوزان، نه سوزی از دلِ سازی
بیا ساقی شرابی ده که دل در سینه می‌لرزد...

## بشر را نیست سامانی!!!

بشـر با دست خود زنجیـر می‌بافـد
از آن پس پای در زنجیـر می‌بنـدد!
بـه نـام کسـبِ آزادی ...
اتـــم را یـار می‌گیـرد!
در آتش می‌کشد هر جا و هر کس را!
بسی آسان ...!
خـدایِ آسـمان‌ها را گـواه خویـش می‌آرد ...
به دسـت او ...
هوای پاک و روشن از غبار تیرگی‌ها تیره می‌گردد!
بشـر با دست خود زنجیـر می‌بافـد
وزان پس پای در زنجیـر می‌بنـدد!
به گِـرد لانـه‌ی خـود تـار می‌پیچـد!

گه از زنّار می‌گوید ...
گه از دستار می‌نالد!
همه گفتارِ بی‌کردار!
همه کردارِ بی‌پندار!
بلای جان یکدیگر!
نه یکرنگی، نه همدردی
همه تنها، همه بی‌کس!
سیاهی چیره بر هر چیز
تباهی برتر از پرهیز!
سخن سربسته ای یاران
بشر را نیست سامانی!!!

## تصویری از جنگ ایران و عراق

(برای پسرم که در امریکا بود - ۱۳۶۰ خورشیدی)

پسرم در دیار ما جنگ است ...!
لحظه‌هامان هزار و یک رنگ است ...
لحظه‌های سپید و آبی و سرخ ...
لحظه‌های سکوتِ ظلمانی ...!
تیک‌تاکِ صدای دندانی ...
یا
طپش‌هایِ قلب انسانی که به دیوار سینه می‌کوبد ...
ناگهان غرّش پدافندی می‌شکافد دلِ سیاهی را!
آتش بی‌امان ما چندی
لرزه بر جانِ دشمن اندازد ...
لحظه‌ها دیر پای و پُر تشویش ...!
تیک‌تاک صدای دندان بیش ...!

جام زرّین مهرِ روشنگر
پرتوافشان شود چو روز دگر
لحظه‌ها رنگِ زندگی گیرد ...
هر کجا وحشتی است می‌میرد ...
شامگاهان دوباره ویرانی !!!
ترس و وحشت گرفته راهِ امید ...
صحبتِ آتش است و ویرانی ... !
جنگ کفر است با مسلمانی !!!
ما همه بندگان نادانیم ...، جنگ ما آیتی ز نادانی!
این جهان پرتوی ز نورخداست ...
زشت و زیبا هر آنچه هست بجاست ...
مطاع کفر و دین بی‌مشتری نیست
گروهی این گروهی آن پسندند
از آن ترسم که داورخسته گردد ...
درِ رحمت به گیتی بسته گردد
خشم خدائی بکند کار خویش ...
آتشی افروزد از اندازه بیش
نیست گریزی بجز از سوختن، بارِ دگر تجربه اندوختن
نامه سیاهیم و اسیرِ عقاب ...، مالکِ دوزخ شده مالک رقاب!
تشنگی و ساختن و سوختن
دیده به زخمِ تن خود دوختن

در چنین لحظه‌های بُحرانی ...
ز انفجاری مهیب و رعدآسا ...
در و دیوار خانه می‌لرزد!
سینه‌ها بسته ... گوش‌هامان باز ...
دست‌ها سوی آسمان به نیاز ...!
کای خدای رحیم بنده‌نواز
دوستان را کجا کنی محروم
تو که با دشمنان نظر داری
در همان لحظه‌های روحانی ...
صحنه تاریک و سینه نورانی ...
بارِ دیگر صدای پنجره‌ها ترجمانی ز مرگ و ویرانی ...!

## ایران کودکی‌ام

امروز مرا گذر از راهی بود
پُر از عطر گلِ یاس
نسیمی به لطافت روح
خنک جانبخش نوازشگرِ تن
صد گل به باغ خاطره‌ام شکفت ...
جوانی بازآمد، یادها زنده شد
عطرِ گل سرخ
رنگ گل بِه
رقص گندم‌زار، هوای بهار
فرود آرام پروانه بر گلبرگ
پرپر شدن شقایق، گریستن ابر
شکستن سکوت!
گذشتن از پُلِ زمان، پیوستن به رفته‌های دور
گسستن از پیرامونِ ناهمگن ...

سفر به سرزمین آفتاب درخشان ...
ایرانِ آن زمان، ایرانِ کودکی‌ام
آنجا که به پندارِ من
همه پاکی، همه دوستی و همه سادگی بود
غم‌ها کوچک، شادی‌ها بزرگ
نیازها ناچیز و تمنّاها نهایت داشت
راه‌ها کوتاه، دل‌ها نزدیک
سرها پرشور، عشق‌ها آتشین
و دیدارها دلنشین
و سخن‌ها بی‌پیرایه بود

## امید

امروز بسی شادم
از کارِ غم آزادم

پُر نقشِ خیال‌انگیز بر گنبدِ گردانست
از دولت ابر امروز گیتی چو گلستانست

گدا چرا نزند لاف سلطنت امروز
که خیمه سایهٔ ابر است و بزمگه لب کشت

هوا هوای بهشتی
خدا خدای جوانی

به جام باده دوباره شراب نابِ جوانی

دوباره عشقِ نهانی
دوباره شور چنانی

دمیدن گل مریم ز خاک تیره به هامون
ستارهٔ سحر از بام آسمان پیدا
نشانه‌ای ز پگاهِ پر از امیدِ دگر

## چرا؟

امروز چون دیروز و دیروزهای دیگر
بر مرکبِ راهوار سوار و به دنبال کار
یا به سخن دیگر پیکار!
روانه شدم
مغروقِ دریای اندیشه بسان همیشه
با انبوهی چرا؟ موج‌آسا، جان فرسا
و بیشتر بی‌پاسخ!
چرا انسان تهی از مهر باشد؟!
بگیرد، ببندد، بتازد؟!
نداند که باید نوازد دلِ دردمندی
به دل‌ها نهد از محبّت کمندی
نه هر دم ببارد ز دستش گزندی!
شاید ...
زشتیِ کردار بر کننده بیمار پوشیده است
بدین اندیشه‌ام که شاید سبب
ستودن کردارِ ناستودهٔ آنان!
از سوی دیگران است!
که گفتار و کردارشان را موهبتی الهی نامند!
ای دو صد لعنت بر این نا بخردان ...

## نقشِ باورها

کهن افسانه‌ها از خُردسالی یاد دارم
کهن افسانهٔ روئین‌تنِ زابُل...
حسینِ کُرد دیگر یل
که از شهر شبستر بود
سیاوش آریا مردی که از خورشید برتر بود
و یا فرهاد آن شوریدهٔ عاشق
که شیرین داستانی بود...
همایِ پهلوانان، پهلوان نایب...
هزاران یاد دیگر از جوانمردی
سخن‌ها بود از خورشید زیبا دختر مشرق!
ز ماهِ آسمان‌پیما که می‌گفتند او مردیست سرگردان!
به دشتِ بیکرانِ آسمان جویایِ دلبندی!
اگر خورشید می‌خندید و ابر از دیده می‌گریید!
در آندم گرگ می‌زائید!
چه باورهای شیرینی...، پسِ اینگونه باورها
به دل‌ها مهربانی بود، نشاط جاودانی بود
صفای زندگانی بود...
دریغا نقش باورها...
ز دل‌ها رفت و خوبی هم...!

## آسمان

به خُردی آسمان را می‌پرستیدم
مرا اندیشهٔ پروازِ بی‌پایان ...
بسی شیرین‌تر از خوابِ سحرگاهی ...
نگاهِ تشنه‌ام پیگیرِ پرواز کبوترها ...
که همچون ذرّه بر اوجِ سپهرِ نیلگون
فارغ ز هر بندی
در آغوشِ نسیمِ پاکِ آزادی
نفس را تازه می‌کردند ...
چه شب‌هائی که ماه و خوشهٔ پروین
نظرگاهِ دل طفلانه‌ام بودند
کنون با آسمان ما را دگر آن مهر دیرین نیست!!
دگر بالِ نگاهم را نباشد شوق پروازی!!
مرا با آسمان جنگ است
دلم در سینه بس تنگ است
اگر تازی نمی‌تازید
هوایِ سرزمین ما شمیمِ عطرِ گلها بود
اگر تازی نمی‌تازید ...!

## ایرانی‌ام

ایرانی‌ام؛
خونم آریائی است
زبانم پارسی است
احساسم شرقی است
سفر را دوست دارم، کوچ را هرگز
میخواهم در ایران بمیرم

* * * *

دوری
بی تو خاموشم
فریادِ نهفته در نایم ...
نائیِ پُر نوای بی‌نوایم!
با تو دریایِ موّاجم
با تو بارانم
با تو توفنده توفانم ...
بیا با تو باشم

## غم دوری

مــردی ز راه دور...
با قلبی از بلور، از کینه‌ها به دور
بر پشتِ کوه غـم...
بنشسـتـه اسـتـوار
میخوانـدش به نـام
می‌بیندش به چشم
می‌بوسـدش مـدام
پـایانِ یـک تــلاش
پیـوندِ یـک نـگاه...
با پُشته‌های غم...!

* * * *

آسمان ابریست...!
آسمان ابــری، سـایه‌ها سنـگین
چهره‌ها غمگیـن...
نفس‌ها بسته، قدم‌ها خسته ...
بـادها طـوفان، دریـا جوشـان...
تب فزون آمد!، جان به لب آمد...
آســمانِ نــوری، نــورِ پرشــوری
بشکن این ظلمت، برکن این وحشت!

## پرسش و پاسخ

پرنیانِ گمان بر خِنگِ راهوارِ زمان
با تازیانهٔ نسیم ...
همدوش با ستارگان در اوجِ آسمان
آنجا که نـور مـطلق است ...
آنجا که عشـق محرم و اندیشـه بَـر دَر است
آنجا که هـر چـه هست عظیـم و منـوّر است
دامـن کشـید
از کهکشان نور گذشت ...، زنجیرها گسست
دیگر اسیر نبود ...، آزاد و بی‌سکون
پویایِ بی‌قرار ...، جویایِ کردگار
کای خالق جهان ...، ای برتر از گمان ...، بنگر به خاکیان ...
که چـه بیـــــداد می‌کنند!
از عرش کبریا برخاست این ندا ...
«که من از کرده‌ام پشیمانم»

## شهر رویائی

ابریشمِ خیال، همدوش با نسیم، آرام و پر نیاز...
از کوچه‌هایِ نور...، تا سالیانِ دور...
پیمود راهِ خویش
روشن‌تر از بلور، زیباتر از عروس، نازکتر از گمان...
بر اوجِ آسمان شهری بنا نهاد...
شهری پُر از سرور، از کینه‌ها به دور، با مردمان خوب
از هر نژاد و رنگ...، دلشاد و مهربان...
گل‌بوته‌های نور بر بامِ خانه‌ها...
زرّین شعاع مهر از بیکران سپر
بازو گشوده بود...
دل‌های مردمان سرشار از امید
پیمانه‌های نور، با باده‌های نور، لبریز از صفا
آوخ که این زمان، آن شهرِخوبِ من...
از بادِ فتنه‌ها بر باد رفته است! ظلمت به جای نور!
بر بام خانه‌ها روئیده خارِ خشم! دل‌ها همه سیاه!
پیمانه‌ها تهی از باده‌های نور...
خورشید خونفشان! بر کف گرفته تیغ!
می‌جوشد از زمین، دریای آتشین! سوزنده و شرور!
این خشم داور است...!

## رهائی

ستیغِ سرفرازِ دماوند...
پر شکوه بلند ایِ الوند...
سهند، سبلان، البرز
با شمایم...
ای پاسداران پیوسته بر پای این کهن سرزمین
ای شاهدانِ استوار گذ شتهٔ تابناک
گریبانِ گردونِ کج گردِ بدکیش را
به فرمانِ یزدان، به نیروی مردان
به دندان بگیرید
قدم‌های ناپاکِ لرزانِ دزدان تاریخ را
به سختی ببندید
بر اوراق زرّینِ دیرین، غرورآفرین نقشی از نو نگارید
ز دامانِ دریا گُهربار ابری بر آرید
به جنگل، به هامون، به لب تشنه صحرا ببارید
دماوندِ سرکش، به پا خیز و آتش برافروز
بسوزان همه اهرمن را
بسوزان، بسوزان، رها کن وطن را

## دخترم

دخترم یارمنی، گل بی‌خارِ منی
چاره‌سازِ دلِ بیمارِ منی
به جهان خرّم از آنم که:
که تـــو غمخــوار منی
چـون غـم از حـد گذرد، پـردهٔ صبـر درد ...
داروی درد روانکاهِ منی
خنده‌ات خنده‌ی جام، گیسویت خرمنِ گل
دیـده‌ات نرگسِ مـست، سـخنت نغمـهٔ‌سـاز
چشـمهٔ نوشِ منی
بخت بیدار منی، روشنی‌بخش شبِ تارِ منی
گـل بی‌خـار منی

---

در سـال‌هـای تـازهٔ غربـت‌نشـینی «بـهیــن» در بیـمارسـتان «جانز هاپکینز» بستری بود. در تمام دقایق نازنین دخترم در خدمت مـادر و یـار و غمخـوارِ منِ غریب بـود.

## نوایِ ساز

نوای ساز چون با غم درآمیزد
بجانم شور می‌ریزد
سبک بر آسمان‌ها اوج می‌گیرم...
دگر یک ذرّهٔ هشیار در جانم نمی‌ماند
وجودم را حریرِ نرمِ احساسی
بسی نازکتر از عطر گل مریم، جدا از خویش می‌سازد
سبک‌تر از پر قوئی
به بالا می‌برد، بالاتر از خورشید
بدان جائی که بی‌وزنی رهایم می‌کند، از رنج بارِ تن
روان آرام و پرگستر
فراز صد هزار اختر
به سوی بی‌نهایت راه می‌پوید

## باران یخ

از تیره ابرِ آسمان بر پهن دشتِ بیکران
باران یخ باریده است
با دانه‌هائی چون بلور ... یا
اشک نور
هر جا درختی خشک بود از دولت باران یخ
بر پیکرِ عریان خود پوشیده رخشان جامه‌ای
گوئی کریستال از زمین روئیده بر هر بام و در
بر گردن هر شاخه‌ای آویزه‌ای از دُرّ ناب
گیراتر از جامِ شراب
شیرین‌تر از عهد شباب
گه آفتاب آید برون ...
گاهی گهر بارد فزون ...
این چرخِ بازیگرنگر از ما چسان دل می‌برد

## خورشید

هوا سرد است و روشن آفتابی، با هزاران جهد
افتان و خیزان، راه پیموده
که عریان پیکرِ لرزانِ گلشن را به بر گیرد
جهان را زیر پر آرد
صفا بارد، نهالِ دوستی کارد ...
از آن خورشید می‌سوزد ...
که گرمی‌بخش دل‌های تهی از دوستی باشد
ز نور پرتوِ مهرش فروزد مهربانی را
چراغ زندگانی را ...
هزاران سال خورشید، این سحرخیز فلک‌پیما ...
ز شور عشقِ شیرینی نیاسوده ...
به جام آسمان گاهی شرابِ ناب می‌ریزد
گهی از برگ گل اشکی به گرمی کام می‌گیرد
من این سرگشته گوی آتشین را دوست می‌دارم

## هجر

بر آبگینه‌ی لرزان دل
تصویرِ رقصان تو
بر آبگیرِ زلال دیده
نرگس خندان تو
مگذار که آینه بشکند...، مگذار که دیده بگرید
بازآ...

## زادروزِ من

سال‌ها پیش به هنگامِ خزان
مادرم زاد مرا، زندگی داد مرا
از پسِ آن همه سال!
باورم نیست، که این پیر منم
کاینهمه شاد بهر انجمنم
شاید از آنکه زنم خوب زنیست
مهربانست به من
آخر او نیز به پائیز چو من زاده شده است
او مَهِ مهر و من آذرزادم
اینچنین است که من
به هر آذر سخن‌پرداز گردم
به دورانِ جوانی بازگردم
هزاران یادِ خوش آید به یادم
کزان پیرانه سر اینگونه شادم

فصــل سوم

# رباعیات و دوبیتی‌ها

افسوس که عمر بی‌ثمر می‌گذرد
شب‌های سیاه بی‌سحر می‌گذرد
این دم که ز زندگی دمی می‌کاهد
پیوسته و لیک بی‌خبر می‌گذرد

* * * *

شب‌های سیاهِ عمر طی شد
در ساغرِ من دوباره می شد
خوشتر ز کلامِ پارسایان
آوایِ رباب و نایِ نی شد

* * * *

تاریک شبی ز در در آمد
تاریکی شب دگر سر آمد
از پرتوِ آن جمالِ روشن
یکباره هزار اختر آمد

آرایشِ آسمان چه زیباست
هر لحظه به گونه‌ای فریباست
دل می‌برد از برم به نرمی
گه رنگِ شراب و گه چو دریاست

❋ ❋ ❋

به کام دل اگر گردد زمانه
نماند از پریشانی نشانه
پریشان‌خاطران پیمانه گیرند
به آوای دف و چنگ و چغانه

❋ ❋ ❋

چو پروانه هر دم به سوئی پریدم
بسی محنت از خسته بالم کشیدم
دریغا که پرواز بی‌اوج بود
و یا اوج پرواز چون موج بود

ای راحتِ جانِ خستهٔ من
ای نیرویِ بالِ بستهٔ من
من تشنهٔ جرعه‌ای شرابم
دریاب دلِ شکستهٔ من

* * * *

یک روز جهان به کامِ ما بود
سردفترِ عشق نام ما بود
هر جا که سخن ز عشق می‌شد
پایان سخن کلام ما بود

* * * *

به جامی باده جان را پُر شرر کن
غمِ دیرینه‌ام را در به در کن
چو شادی آمد و غم دربدر شد
ز تابِ آتش جانم حذر کن

ای کاش همیشه دل جوان بود
چون غنچه به گلشنِ جهان بود
آزاده چـو سـرو نـازِ شـیراز
آسـوده ز زردیِ خـزان بود

❋ ❋ ❋ ❋

جوانی خوشترین ایّام ما بود
شرابِ آتشین در جام ما بود
فلک با آنهمه ناسازگاری
پلنگی سرکش امّا رام ما بود

❋ ❋ ❋ ❋

مباد آندم که بی یادِ تو باشم
بیا جانا که فرهادِ تو باشم
به شیرینی برآرم روزگاری
به امیّدی که صیّاد تو باشم

بادہ اندر جـام و یـاران در برند
آسـمان را میگسـاران اخترند
عاقلان اندر خمِ یک کوچه‌اند
بی‌خبـر از آفتـابِ سـاغرند

* * * *

هـر چنـد که گـل وفـا ندارد
جـان بی رخ گـل صفـا ندارد
درخلـوتِ عـارفـانِ بیـدل
غیـر از گـل و بـاده جـا ندارد

* * * *

جوانی رفت و آتش زد به جانم
به پیـری گر چنین آتش‌زبانم
به شهـرِ آشـنایان خانـه‌ام بود
کنـون آواره بـر گِـرد جهـانم

باز بهار است و گل ارغوان
باز دلِ خستهٔ ما شد جوان
بلبلِ شوریده به شور آمده
باز شده چشمه ز هر سو روان

\* \* \* \*

چو مهر[1] آمد خدا مهرآفرین شد
ز بامِ آسمان سویِ زمین شد
به فرمانش گلی در باغ روئید
که در بینِ گلان آن گل بهین شد

\* \* \* \*

به گیتی کس چو من افسانه کمتر
اسیر نرگسِ مستانه کمتر
چنان در بند زلفش پای‌بندم
که پابندی چو من دیوانه کمتر

---

۱. مهر: ماه میلاد همسرم (بهین)

## برایِ نور چشمم آرمان

از باغِ جهان به غنچه‌ای دل بستیم
وز دیگرِ گل‌های جهان بگسستیم
تا کس نبرد گمان به بد عهدیِ ما
هر عهد که بود در نهان بشکستیم

* * * *

امروز نسیم گل‌فشان است
گوئی که عروسیِ جهان است
از بس که به باغ گل شکفته
دامانِ نسیم گلستان است

* * * *

خدایا بدی را ز ما دور کن
شبِ تیره را غرقه در نور کن
اگر خسته جانیم و آشفته حال
بسوزان دگرباره پر شور کن

برگ خزان خانه رها کرده است
بادِ خزان شور به پا کرده است
برگ خزان بی سر و پا می‌رود
جامه دران رو به خدا کرده است

❋ ❋ ❋ ❋

خدایا عاشق زارم تو کردی
نهفتی روی و بیمارم تو کردی
به جمع بیدلان گم کرده راهم
رها بودم گرفتارم تو کردی

❋ ❋ ❋ ❋

جوان را خواستاران بیشمارند
به گرد عارضش پروانه‌وارند
به پیری کس ندارد خواستاری
مر او را شوق دیداری ندارند

به پایان آمد آمال جوانی
فراوان آرزوهای جوانی
کنون جز یادی از آن قصّه‌ها نیست
خوشا یادی ز احوال جوانی

* * * *

دل بود و دو قطره اشک و آهی
تابیده به زلفِ شب نگاهی
اندیشه‌ی خاطراتِ دیرین
خوشتر ز نگینِ پادشاهی

* * * *

ای آنکه هنوز اخترِ بامِ منی
سر دفترِ خاطراتِ ایّامِ منی
دور از تو دلی نشسته در غم دارم
باز آ که تو مهر و ماه در شامِ منی

به تاریـکی تبـه شـد نـورِ هستی
صفـای بـاده رفت و شـورِ مسـتی
جهـانا آتــش انـدر جـانت افتـد
که جـامِ بـادهٔ مــا را شکسـتی

* * * *

صــد شـــور بـه دل نهفتــه دارم
بـس نکتــه کنــون نگفتــه دارم
در بحـــر ســخن فتـــاده‌ام مـن
صــدها گُهـــرِ نســفتـه دارم

* * * *

جـوانی هـم رفیــق نیـمه‌ره بود
ز یُمـن دولتـش مویـم سـیه بود
دو روزی رُخ نمود و رو نهان کرد
به سر مویِ سـیه نوعی کُلـه بود

به کارِ این جهان کی اعتبار است
چو اسبِ سرکشی بی‌بند و بار است
چنانت می‌کشد زینسو به آنسو
چو صیّادی که در کارِ شکار است

\* \* \* \*

اگر بشکسته بالم پر در آرد
فرازِ آسمان‌ها سر بر آرد
بهارِ رفته‌ی من بر نگردد
که دانم طالعم اختر ندارد

\* \* \* \*

بیا جانا که دل آشفته حال است
رهائی از غمِ دنیا محال است
بیا تا باده اندر جام ریزیم
که خونِ تاک بر عاشق حلال است

به کامِ دل اگر گردد زمانه
نماند از پریشانی نشانه
پریشان‌خاطران پیمانه گیرند
به آوای دف و چنگ و چغانه

\* \* \* \*

زندگی آخر به کام دل نشد
جُز پریشانی مرا حاصل نشد
آرزوها همچو نقشی شد بر آب
چرخِ دون از من دمی غافل نشد

\* \* \* \*

شبِ تاریک و ره باریک و باران
به دل دارم هوای باده‌خواران
مرا در سینه جُز این غم نباشد
که دور افتاده‌ام از جمعِ یاران

به هر تارِ دلم سوزی نهان است
گهی خاموش و گاهی در فغان است
چو می‌نالد ندائی آید از دور
خدایِ آسمان با بی‌کسان است

❋ ❋ ❋ ❋

دلی کز دردِ عشقی نیست بیمار
کجا دارد خبر از عاشقی زار
دلِ عاشق بسانِ برگِ بید است
ندارد با نسیمی تابِ پیکار

❋ ❋ ❋ ❋

بنفشه برگِ بیدی برگ بیدی
ندارم من به بختِ خود امیدی
مرا آگه کن از رویِ محبّت
ز مرغِ شب اگر حرفی شنیدی

بهار آمد جهان رشکِ برین شد
زمین و آسمان شورآفرین شد
نوایِ خوش‌دلی در داد بلبل
دلِ غم دیده با شادی قرین شد

❋ ❋ ❋ ❋

عجب زیبا بهارِ دلنشینی
به دل دارم هوایِ همنشینی
هوایِ همنشینی کز سرِ مهر
نوازد بی‌نوایِ خوشه‌چینی

❋ ❋ ❋ ❋

جوانی بود و شور و شادمانی
جوانی شد بهایِ زندگانی
کنون مائیم و عمرِ رفته بر باد
دریغا کو جوانی کو جوانی

بی‌باده‌ی ناب مستم امروز
از درس و کتاب رستم امروز
از بسکه نسیم دلنواز است
بس توبه که من شکستم امروز

❋ ❋ ❋ ❋

با جامِ شرابِ ارغوانی
باز آمده بود نوجوانی
بی بادهٔ ناب کی توان زیست
می ریز به کامِ زندگانی

❋ ❋ ❋ ❋

صفایِ باده بود و شورِ مستی
همه میخانه بود و می پرستی
قدح بشکست و شور از سینه‌ها شد
مبادا خالی از می جامِ هستی

بیا تا باده از دست تو نوشم
تو گر ساقی نباشی من خموشم
چو نوشم باده از پیمانهٔ تو
ز تابِ آتش می درخروشم

❋ ❋ ❋ ❋

هر جا نگری شکوفه‌بار است
این کارِ نسیمِ نو بهار است
با دامنی از گل و شکوفه
یادآور عیدِ آن دیار است

❋ ❋ ❋ ❋

دلم خلوت‌نشینِ خانهٔ تو ست
به گردِ شمع تو پروانهٔ تو ست
بسوزان جانِ من خاکسترم کن
که جانِ خسته‌ام دیوانهٔ تو ست

بیا جانا که جانِ من فدایت
فدایِ شادیِ بی‌انتهایت
به بویِ دیدنت هر روز و هر شب
به مژگان می‌نشانم خاکِ پایت

**❋ ❋ ❋ ❋**

دلِ ما را تو کی بینی قراری
دمادم می‌زند بر ما شراری
دلی کافتاده اندر بندِ موئی
به بی‌تابی بر آرد روزگاری

**❋ ❋ ❋ ❋**

بارِ دگر دیده گُهربار شد
طفلِ دلم باز گرفتار شد
بس که دل و دیده به هم ساختند
دامنِ جان پرده‌ی گلنار شد

بیا که دیـده براهـت سـتاره‌بارانست
صـفایِ دیـدن رویت چو نو بهـارانست
بمان که بی تو مرا تابِ زنده بودن نیست
مرو که با تو جهان همچو باغِ رضوانست

* * * *

دور از تـو بـه سـینه آه دارم
روزی چـو شـبِ سـیاه دارم
باز آ که جهـان به کام گـردد
من دیـدهٔ جـان به راه دارم

* * * *

غنچـهٔ جـانم از سـفر آمـد[1]
رنـج هجـران مـن بسـر آمـد
تیره شامم چو روز روشن شد
تا که بر آسـمان قمـر آمـد

---

۱. دوازدهـم سپتامبـر ۱۹۹۶

بیا جانا که جانم بی‌قرار است
خزانِ عمر گوئی نو بهار است
اگر ما همدل و همراز باشیم
سراسر زندگانی شاهکار است

* * * *

ایکه از هر برگِ گل نازک‌تری
اختری از مهرِ تابان برتری
شورِ عشقت آتش اندر جان زند
ایکه از شهد و شکر شیرین‌تری

* * * *

بر سرِ پیمانِ تو دل زار شد
زارتر از کودکِ بیمار شد
کارِ دل از دارو و درمان گذشت
تا که به دام تو گرفتار شد

## فصل سوم: رباعیات و دوبیتی‌ها

پریشان‌تر از موی آشفته‌ام
چه شب‌ها که از درد ناخفته‌ام
پریشانم از گردشِ آسمان
من این نکته را بارها گفته‌ام

* * * *

این کهنه فلک حیا ندارد
دیوانه به کس وفا ندارد
این دامگهِ هزار چهره
کاری بجز از جفا ندارد

* * * *

سحر با دل سخن‌ها بود ما را
که رنجِ زندگی فرسود ما را
سپیده بر دمید از سوی خاور
رفیقِ نیمه‌ره شب بود ما را

پژمرده‌تر از برگِ خزانیم
از شاخه جدا در نوسانیم
با آنکه ندیدیم بهاری
از دولتِ می رقص کنانیم

❋ ❋ ❋ ❋

به پیری شورِ عشقم نوجوان کرد
اسیرم کرد و رسوایِ جهان کرد
دلِ آرامِ من در سینه‌ام بود
دلارام آمد و او را چنان کرد

❋ ❋ ❋ ❋

به بزمِ باده‌نوشان شاد باشید
همه شور و همه فریاد باشید
مبادا دل بدستِ غم سپارید
ز اندوهِ زمان آزاد باشید

پیش آر پیاله را زمان می‌گذرد
ایّام فریبای خزان می‌گذرد
هر برگ که از شاخه جدا می‌گردد
برگیست که از عمر جهان می‌گذرد

✽ ✽ ✽

صبح است و دلم پُر از ترانه
بنشسته به کُنجِ آشیانه
من مستِ هزار یادِ شیرین
فارغ ز دو رنگیِ زمانه

✽ ✽ ✽

مرا یادت ز دل هرگز برون نیست
کزین خوشتر مرا یادی کنون نیست
اگر پر می‌کشم هر دم به سویت
دلم را بیش از این تابِ جنون نیست

جوانی بود و خرّم نو بهاری
صفای باده بود و لاله‌زاری
جوانی رفت و مستی ماند بر جای
ز شورِ زندگانی یادگاری

❋ ❋ ❋ ❋

خوش آمد خزان شادمانی کنید
به پیری نشاط جوانی کنید
به بزمِ درختان خوش آب و رنگ
به ساغر میِ ارغوانی کنید

❋ ❋ ❋ ❋

مهربانم مهرِ تابانِ منی
اختری بر رشته‌ی جانِ منی
در خزانِ زرنگار زندگی
بر زلالِ دیده مهمانِ منی

جانا بیا که بی تو جهان نقشِ ماتم است
دیگر مرو که هر چه به بینم تو را کم است
دنیا نیرزد آنکه پریشان کنی دلی
مشکن دلی که مأمَن دل‌های عالم است

\* \* \* \*

دور از تو شبم سحر ندارد
تاریک شبم قمر ندارد
دانی که نهالِ زندگانی
بی بودنِ تو ثمر ندارد

\* \* \* \*

به باغِ آرزو صد گل شکفته
به هر برگِ گلی رازی نهفته
از آن ترسم که افتد در کفِ باد
سخن‌هائی که گل با کس نگفته

جوانی گر چه شیرین عالمی بود
به دور از هر غم و هر ماتمی بود
شراری بود و چندی خوش درخشید
چه خالی از محبّت همدمی بود

❋ ❋ ❋ ❋

قرار از ما ربودی ای دلارام
کجا دارد دل از دست تو آرام
چنان در بند زلفت بی‌قرارم
بسان شیرِ مستِ رفته در دام

❋ ❋ ❋ ❋

هر چند دلِ مرا شکستی
پیمان وفا ز هم گسستی
باز آ که دل از تو بر نگیرم
با آنکه خدا نمی‌پرستی

چرا از می به جان آتش نریزم؟
به جامم بادهٔ بی‌غش نریزم
چرا اشکی ز چشمِ دل نبارم
چرا آبی بر این آتش نریزم

* * * *

باز دلم شورِ جوانی گرفت
باده ز خمّار نهانی گرفت
تا که شد اندر پیِ سودای او
باز پیِ خانه تکانی گرفت

* * * *

از خانه برون شو که خزانست
میخانه به پهنایِ جهانست
سرتاسرِ گیتی شده گلرنگ
هر جا نگری رشکِ جنانست

خانه تُهی گشته از آوای وی
نیست به دل غیرِ تمنّای وی
بسکه به دل داغِ جدائی نشست
همدم شب‌ها شده مینایِ می

٭ ٭ ٭ ٭

بی تو جانم به لب رسید بیا
بسکه دل بی‌امان طپید بیا
تو بهین یارِ دلنواز منی
نازنینا خزان رسید بیا

٭ ٭ ٭ ٭

هنوز از بادۀ عشقِ تو مستم
همان پروانۀ آتش‌پرستم
بر آتش تا زنم بال و پرم را
به هر در می‌زنم از بسکه مستم

خانهٔ دل روشنی از پرتو روی تو دارد
گرمی ازمیخانه‌ی محرابِ ابروی تو دارد
تا به عشقت آشنا گشتم دل از دنیا بریدم
دیده‌ی من سُرمه از خاک سرِ کوی تو دارد

* * * *

ای کاش دلت از دلِ تنگم خبری داشت
این شامِ سیه کاش نشان از سحری داشت
یا قصّه‌ی ما بر سرِ بازار نمی‌شد
یا مرغِ گرفتارِ قفس بال و پری داشت

* * * *

عمری اسیرِ پردهٔ اوهام بوده ایم
اندر خُم زمانه می خام بوده ایم
حالی بیا که پرده‌ی اوهام بر دریم
ما بی‌خبر ز گردشِ ایّام بوده ایم

خـزانِ زنـدگی زیبـا خزانـیست
به سر برف و به دل آتش نهانیست
ندارم شکوه‌ای از چـرخِ گـردون
که هر فصـل بهـاری را خزانیست

❊ ❊ ❊ ❊

گلی روئیـد با عطـری طرب‌خیـز
بهـار است و نباشـد وقـت پرهیـز
مرا یک لحظه زان خوشـتر نباشد
که باشد جـام می از بـاده لبـریز

❊ ❊ ❊ ❊

بهـار است و به سر شـورجـوانی
به جـام می شـرابِ ارغـوانی
به نـام حافـظ آن پیـرِ خـرابات
بـزن مطـرب سـرودِ زنـدگانی

خوشا روزی که دولت یار گردد
درختِ بختِ ما پُر بار گردد
بسوزد خانه‌ی بی‌خانمانی
ز دودش روزِ هجران تار گردد

* * * *

به شب‌های بلندِ بی‌ستاره
ستاره‌بارم از مژگان همواره
ز یادِ مهربان یاران دیرین
دلی در سینه دارم پاره پاره

* * * *

بر آن بودم که زین پس شاد باشم
زمانه صید و من صیّاد باشم
ندانستم که غم همزادِ من بود
نمیخواهم که زین پس شاد باشم

خوشا مهری به دل از مهربانی
فرشته‌صورتی، شیرین‌زبانی
خوشا مست از میِ دیدار بودن
خوشا اشکی ز رویِ شادمانی

❋ ❋ ❋ ❋

خوشا آندم که مست از باده باشیم
به دور از هر بدی آزاده باشیم
به کویِ باده‌نوشانِ قلندر
گدایِ بی‌نیازِ ساده باشیم

❋ ❋ ❋ ❋

بیا تا مهرِ عالم‌سوز باشیم
بیا تا می به جامِ روز باشیم
به شب‌های سیاهِ بی‌ستاره
فروزان اختری پیروز باشیم

دانی ز چه دیده‌ام پُر آب است؟
هر نقش که می‌زنم بر آب است؟
از بسکه شکسته شیشه دل
پیمانه خالی از شراب است

؛ ؛ ؛ ؛

ای کاش وفا خریدنی بود
چون غنچه ز شاخه چیدنی بود
ای کاش جفا نبود هرگز
یا مهرِ بُتان بریدنی بود

؛ ؛ ؛ ؛

بیا جانا کنم جان را فدایت
دلِ من می‌کند هر دم هوایت
اگر بر دیده روشن نهی پای
هزاران لاله افشانم به پایت

دلی آشفته دارم همچو مویت
که هر دم پر زند بر گردِ کویت
مبادا بشکنی آشفته دل را
که در آئینه دارد نقشِ رویت

❋ ❋ ❋ ❋

تو که از برگِ گل نازکتر استی
به بامِ آسمان‌ها اختر استی
اگر غافل ز حالِ من نباشی
ز مهر و ماه و اختر برتر استی

❋ ❋ ❋ ❋

هوا سرد است و ما را باده در جام
ندارد دل درون سینه آرام
بیا تا دادِ دل از می ستانیم
گهی از خم بنوشیم و گه از جام

## فصل سوم: رباعیات و دوبیتی‌ها

روزی از گلشنی گذر کردم
غنچه خندید و من خطر کردم
تا رُبایم ز شاخه نوگل را
زین خطر خار را خبر کردم

✤ ✤ ✤ ✤

می زده برگی ره عُقبا گرفت
شورِ جهان در دل ما پا گرفت
هر که شد اندر پیِ پروازِ دور
بادهٔ گلرنگ ز مینا گرفت

✤ ✤ ✤ ✤

بر گردِ جهان شدیم و دل شاد نشد
این مرغِ اسیرِ دام آزاد نشد
دردا که فلک گوهر ما را نشناخت
بُنیادِ جهان به پایهٔ داد نشد

## زادروز همسرم

دانی ز چه رو تو مهربانی؟
ای مایهٔ شورِ زندگانی
در مهر تو را بزاد مادر
پروردهٔ مهرِ آسمانی

* * * *

## برای آرمان

ای تازه بهارِ زندگانی
ای غنچهٔ باغِ شادمانی
تا دیده به رویت آشنا شد
مائیم و دوباره نوجوانی

* * * *

دلی دارم بسانِ جام شیشه
غم عشقی به سر دارد همیشه
حدیثِ عشق و دل از روز آغاز
حدیثِ سنگ خارا بود و شیشه

شکسته سازِ دل خوش نغمه‌خوانست
تو گوئی خوش‌ترین سازِ جهانست
ندا در می‌دهد کی غمگساران
خدایِ آسمان‌ها مهربانست

* * * *

به غُربت گر برآرم روزگاران
به سر دارم هوایِ کوی یاران
نسیمی، چشمه‌ساری، سایبانی
ندیمی، سبزه‌زاری، بوی باران

* * * *

اَیا زاهد تو خود دانی
زنی پیمانه پنهانی
حرامت باد این حرمت
که داری از مسلمانی

صفایِ چشمه بود و نو بهاران
هوایِ شوخ و شنگ چشمه‌ساران
به دل دارم غمی چون کوهِ الوند
که دور افتاده‌ام از جمعِ یاران

* * * *

پرستو جان پرستو نغمه سر کن
ز کوه و دشت و صحراها گذر کن
چو دیدی آشیانِ آشنا را
ز حالِ ما رفیقان را خبر کن

* * * *

زندگی با شتاب می‌گذرد
لحظه‌ها بی‌حساب می‌گذرد
همچو برگِ خزان به دامن باد
عمر با پیچ و تاب می‌گذرد

فرسودگی ندارد آن دل که پاکباز است
موّاج و پُر تلاطم هر دل که پُر نیاز است
آمالِ آزمندان پایان نمی پذیرد
کوته سخن عزیزان این رشته بس دراز است

* * * *

سخن‌ها دارم از فرزانه مردم
که گه نیک‌اند و گه مانندِ کژدم
ز نیکی در جهان کس را عجب نیست
عجب باشد ز رَه گم کرده مردم

* * * *

تا عشق نهان به خانه‌ی جانِ من است
خورشیدِ فلک به گردِ ایوانِ من است
از دولتِ عشق بی‌نیازم به جهان
وین پایهٔ بی‌نیازی ایمانِ من است

(آرمان، امید جانم به ایران سفر کرده بود - ۱۹۹۶)

گر چه این سامان سراسر خرّم است
ای شگفتا دل سرایِ ماتم است
گر چه گل می‌بارد از هر بام و بر
ای عزیزان مهربانی‌ها کم است

❋ ❋ ❋ ❋

هنوز از جامِ عشقت باده نوشم
ز پا افتاده‌ای فارغ ز هوشم
اگر یاد آیدت از نوجوانی
کشیدم بارِ عشقت را به دوشم

❋ ❋ ❋ ❋

به دل جُز این نباشد آرزویم
که جانِ رفته باز آید به سویم
چنان دل رفته در بند خیالش
که هر دم می‌کشد سوئی به سویم

گوئی که دوبــاره نـو بهــار است
گل بر سـرِ سـبزه شـاهکار است
از ریـــزشِ بیــــکرانِ بـــاران
در دیده‌ی من خزان بهـار است

❋ ❋ ❋

ای کاش که مستیِ مُدامم دادی
یک ذرّه ز نام خود به نامم دادی
از بـادۀ بیخـودی خـرابـم کردی
در مرتبه‌ی عشـق مقـامم دادی

❋ ❋ ❋

جــامــی ز شـــرابِ نــاب دارم
شـــوری به ســر از شـباب دارم
در تیـــره شـــبان زنـدگانی
گوئی که دو صـد شـــهاب دارم

نسیم آهسته از گلشن گذر کرد
هزاران غُنچه و گل را خبر کرد
که هر دم دستِ گلچین در کمین است
به شادی باید این شب را سحر کرد

* * * *

ای مایهٔ ناز، ناز کم کن
بر عاشقِ زار کم ستم کن
این کهنه‌سرای، خوش‌سرائیست
می نوش حذر ز بیش و کم کن

* * * *

خدایا مرغِ جانم خسته بال است
رهائی از غم هجران محال است
اگر چه درد دوری را دوا نیست
علاجِ درد بی‌درمان وصال است

هر چند به دل داغ تمّنـای تو داریم
با اینهمـه خامـوش‌تـر از آه نهـانیم
با آنکه سـیه روزتـر از شـامِ خــزانیم
ما ذرّه ای از پرتـوِ آن جانِ جهـانیم

* * * *

تا دیده گشـودیم بجُـز درد ندیدیـم
از آتــشِ دل جز شـرر سـرد ندیدیـم
عمری قدم اندر رهِ میـخانه نهادیـم
در آینــه جُــز رنـگِ رُخِ زرد ندیدیـم

* * * *

این گـرمـیِ گفتــارخریــدار نـدارد
آن نرگـسِ بیــمار به مـا کـار نـدارد
عمری به تمنّای دلِ خویش نشستیم
دردا که بجُز غــم دل مـا یــار نـدارد

هـر چنـد کـه دل نـدارد آرام
تـا گشـتـه اسـیرِ آن دلارام
دل بسـتـهٔ دامِ دلسـتـانی
خوشـتر ز هـزار بوسـه بـر جـام

* * * *

با یـار مرا کار به پیکار کشیده است
دعوی به درِ خانهٔ خمّار کشیده است
از بس که نیاز از من و ناز ازبرِ دلـدار
افسانهٔ این کار به بازار کشیده است

* * * *

عمری اسـیر پـردهٔ اوهـام بوده ایم
انـدر خُـم زمـانـه مـیِ خـام بوده ایم
حالی بیـا کـه پـردهٔ اوهــام بـر دریم
ما بی‌خبـر ز گـردشِ ایّـام بوده ایم

هوا تاریک و ره باریک و من لنگ
شکسته سازِ دل سر داده آهنگ
فلک با زاهدان کاری ندارد
به جامِ بادهٔ ما می‌زند سنگ

\* \* \* \*

ندانم دل کجا آرام گیرد
شرابِ شادی اندر جام گیرد
بسانِ برده‌ای کو رسته از بند
ز عمرِ مانده هر دم کام گیرد

\* \* \* \*

خوشا روزی که کامِ دل برآید
غمِ هجرانِ بی‌حاصل سر آید
غریقِ خسته جانِ رفته از یاد
ز طوفان رَسته بر ساحل درآید

کاش می‌شد زندگی از سر گرفت
جام زرّین بادهٔ احمر گرفت
توسن اندیشه را تیمار کرد
شاهدِ اقبال را در بر گرفت

❋ ❋ ❋ ❋

ای شامِ سیه چه شد سپیده؟
تا چند سحر ز ما رمیده
این مرغِ شکسته‌بالِ در بند
آزادیِ بال و پر ندیده

❋ ❋ ❋ ❋

دلفریب است سراپایِ جهان
بزمستان و بهاران و خزان
می‌فریبد دلِ هر دیده‌وری
دیده ور کودک اگر هست و گر پیر و جوان